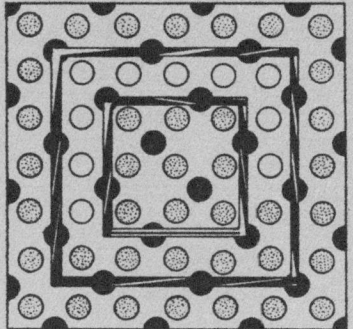

Quadrat oder nicht?

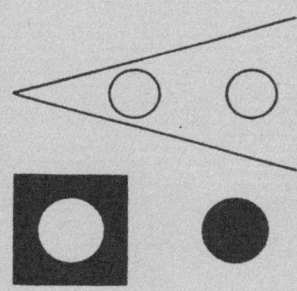

Welche Kreise sind größer:
die linken oder die rechten?

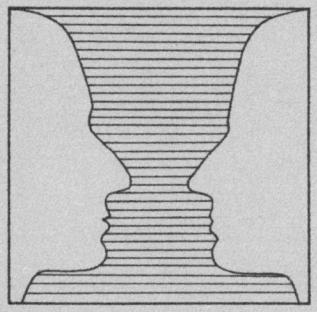

Köpfe oder Vase?

Welcher Bogen ist länger?

Welche Ellipse ist größer,
die untere oder die innere oben?

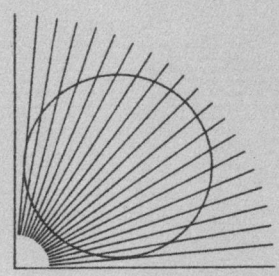

Ist das ein Kreis?

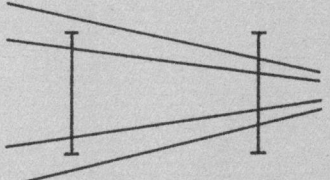

Welche Strecke ist länger,
die linke oder die rechte?

2 MAL 3
PLUS SPASS DABEI

2mal 3 plus Spaß dabei

Johannes Lehmann

2., unveränderte Auflage

Aulis Verlag
Deubner & Co KG Köln

CIP-Kurztitelaufnahme der Deutschen Bibliothek

Lehmann, Johannes:
2 [Zwei] mal 3 [drei] plus Spass dabei / Johannes
Lehmann. – 2., für d. Aulis-Verl. Deubner veranst.
Aufl. – Köln: Aulis-Verlag Deubner, 1987.
ISBN 3-7614-0759-9

Bestell-Nr. 6060
© Volk und Wissen Volkseigener Verlag, Berlin/DDR 1984
Lizenzausgabe für den Aulis Verlag Deubner & Co KG, Köln
2., für den Aulis Verlag Deubner & Co KG veranstaltete Auflage 1987
Printed in the German Democratic Republic
ISBN 3-7614-0759-9

Inhalt

Inhalt

1. Bernd kommt um 14 Uhr zu Wolfgang. Bis 16 Uhr arbeiten sie an den Schulaufgaben. Als sie dann noch spielen wollen, sagt Bernd: „Ich darf nur drei Stunden bei dir bleiben."
Wie lange können Bernd und Wolfgang noch spielen?

2. Ein Güterzug fährt vorbei. Peter zählt die Wagen:
Gleich nach der Lokomotive fahren fünf geschlossene Wagen.
Dann folgen doppelt soviel offene Wagen. Am Schluß fahren
6 Kesselwagen.
Wieviel Wagen hat der Güterzug?

3. Wolfgang sucht seine Freunde, die sich versteckt haben.
Plötzlich sieht er unter einer Bretterwand 8 Füße.
Wie viele Kinder stehen hinter dieser Wand?

4. Herr Wissing kauft drei Tassen zum gleichen Preis
und zahlt für sie 12 Mark. Außerdem kauft er noch vier gleiche
Handtücher und zahlt für diese 16 Mark.
Was ist teurer, eine Tasse oder ein Handtuch?

5. Die Mutter kauft zwei Kinderstrumpfhosen zum gleichen Preis.
Sie zahlt dafür mit genau einem 10-Mark-Stück,
einem 5-Mark-Stück und einem 1-Mark-Stück.
Wieviel kostet jede Strumpfhose?

6. Kerstin sagt: „Ich bin älter als 5 Jahre, aber jünger
als 9 Jahre."
Wie alt kann Kerstin sein?

7. Ein Tier hat zwei rechte und zwei linke Beine, zwei
Beine vorn und zwei hinten.
Wieviel Beine hat es zusammen?

8. Ein Bär kann 50 Jahre alt werden, ein Fuchs den
fünften Teil davon, ein Wolf kann fünf Jahre älter werden
als ein Fuchs.
Wie alt kann ein Wolf, wie alt ein Fuchs werden?

9. Mit drei Flaschen Fruchtsaft kannst du 21 Gläser füllen.

Anzahl der Flaschen	1	?	4	?
Anzahl der gefüllten Gläser	?	14	?	35

10. Entenküken sind 8 Tage alt.
Wann begann die Ente mit dem Brüten, wenn die kleinen
Enten am 11. Mai schlüpften und die Brutdauer 23 Tage
betrug?

11. Sieben Heuhaufen und 11 Heuhaufen werden zusammen-
getragen.
Wieviel Heuhaufen ergibt das?

12. Eine Schwalbe kann 9 Jahre alt werden; eine Elster kann
dreimal so alt werden wie eine Schwalbe; eine Krähe kann 13 Jahre
älter als eine Elster werden.
Berechne, wieviel Jahre eine Elster und wieviel Jahre eine Krähe alt
werden kann!

13. Vater, Mutter und Kerstin setzen sich beim Abendessen immer
so an den Tisch, wie es das Bild 1 zeigt.
Sie könnten sich auch anders setzen, zum Beispiel so,
wie es das Bild 2 zeigt.

Bild 1   Bild 2

Auf wieviel verschiedene Arten können sich Vater, Mutter
und Kerstin an den Tisch setzen?

14. In Evas Schuhschrank stehen drei Paar Schuhe.
Sie nimmt im Dunkeln vier einzelne Schuhe heraus.
Ist ein zusammengehörendes Paar dabei?

Feuer speit der Märchendrachen,
Kunibert vergeht das Lachen.
Doch er wird nicht unterliegen,
sondern dieses Tier besiegen,
sieht's auch noch so grausig aus.
Wie alt ist es – habt ihr's raus? (in Jahren)

Aufgepaßt, ihr Rätselrater,
schaut die Maus an und den Kater!
Und dann rechnet aus geschwind,
wie alt wohl die beiden sind! (in Wochen)

Ein Haus hat vier Schornsteine, das Nachbarhaus
drei Schornsteine und das folgende zwei Schornsteine.
Was kommt da 'raus?

Addiere stets fünf durch Linien miteinander verbundene
Zahlen so, daß du die Summe 25 erhältst! Beginne bei
1 oder 0!
Beispiel: $1 + 3 + 4 + 9 + 8 = 25$.
Wer findet noch weitere Lösungen?

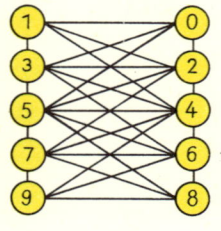

Wenn man vom richtigen Buchstaben ausgeht und den richtigen
Weg verfolgt, kommt man durch Aneinanderreihen der Buchstaben
auf einen mathematischen Begriff.
Wie heißt dieser Begriff?

Aufgepaßt – mitgemacht!

1. Zu der Zahl 7 addiere 6! Die erhaltene Zahl vergrößere nochmals um 3!
Welche Zahl erhältst du?

2. Welche Zahl kannst du jeweils zu 9 addieren, so daß die Summe stets kleiner als 15 ist?

3. Wie oft kannst du das Wort HAUS lesen?
Du darfst beim Lesen kein Kästchen überspringen!

a)

H
A
U
S

b)

H	A	U
A	U	S

c)

H	A
A	U
U	S

4. Vervollständige!

Summand		25	17
Summand	30		33
Summe	80	48	

Minuend		17	45
Subtrahend	6		27
Differenz	4	7	

5. Wir suchen eine Zahl. Sie ist um 1 größer als 13, um 4 kleiner als 18 und das Doppelte von 7.
Welche Zahl ist es?

6. Drehe dreimal jeweils 2 Becher um, so daß zum Schluß alle 3 Becher mit der Öffnung nach oben stehen!

A   B   C

7. Wenn sich Anke, Birgit, Christine, Dieter und Elke früh auf dem Schulweg treffen, geben sie sich gegenseitig jeweils einmal die Hand.
Wieviel Handschläge werden hierbei zwischen ihnen gewechselt?

8. Die folgenden acht Kästchen sind so zu ordnen, daß man einen Merksatz lesen kann.

9. Auf wieviel verschiedene Arten kannst du ein Zehnpfennigstück wechseln?

10. Berechne die Zahl, die um 40 größer ist als die Differenz der Zahlen 54 und 6!

11. Welche Zahl ist um 7 kleiner als die größte zweistellige natürliche Zahl?

12. Ordne den Summen aus A durch Pfeile die entsprechenden Zahlen aus B zu!

A		
14+38	34+57	
48+48	28+19	17+35
23+24	38+38	

B	52	76
91		
96	47	92

13. Setze alle fehlenden Zahlen ein!

a	b	a+b	a−b	2·a	a:6
12	2				
36		45			
	8		10		

14. Fülle die leeren Kästchen jeweils folgerichtig aus!

a) 2 → 5 → 8 → 11 → ☐

b) 6 → 12 → 18 → ☐ → ☐

c) 100 → 92 → 84 → ☐ → ☐

d) A → C → E → G → ☐

e) △ → □ → ☐ → ⬡ → ⬠

15. Bestimme alle natürlichen Zahlen x, für die gilt:

    a) $23 < x < 27$ c) $x < 6$ e) $24 − x > 19$

    b) $3 + x > 5$ d) $26 + x < 52$

16. Wie heißt es richtig: „9 und 7 ist 15" oder „9 plus 7 gleich 15"?

Es sind nacheinander die Zahlen 1 bis 60 zu suchen!
Wer ist der Schnellste?

Addiere alle auf diesem Bild aufgezeichneten Zahlen!
Zu welchem Ergebnis kommst du? Vergleiche mit der Uhr,
wer von deinen Freunden der Schnellste ist!

Gib noch andere Möglichkeiten an, vier Spielwürfel zusammenzustellen! Drei Beispiele haben wir hier dargestellt.

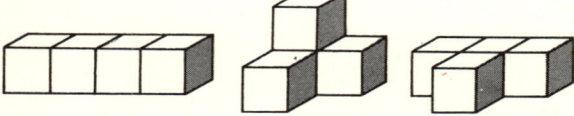

Fertige dir selbst ein Legespiel an!
Zeichne zunächst ein Quadrat, wie es das Bild unten zeigt!
Zerschneide danach das Quadrat in die sieben angegebenen
Teilfiguren! Setze aus den 7 Teilfiguren jeweils die Figuren
1, 2, 3, 4, 5 bzw. 6 zusammen!

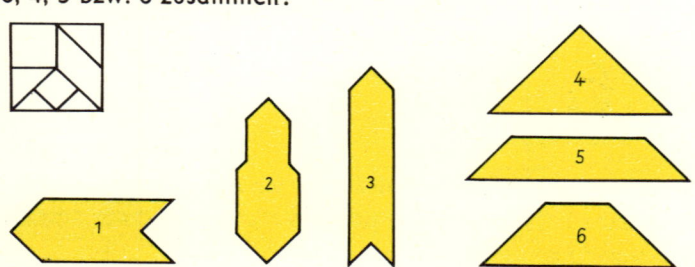

Mit Zirkel und Zeichendreieck

1. Wie viele der kleinen Quadrate enthält jeweils die gesamte Fläche?

a)   b)   c)

2. Zwei Vögel sitzen auf einer Stange, 8 m voneinander entfernt.
Jetzt hüpft der eine Vogel 1 m auf den anderen zu.
Der andere hüpft dann 2 m auf den ersten zu.
Dasselbe tun beide Vögel noch einmal.
Wie weit sitzen beide Vögel nun voneinander entfernt?

3. Zeichne drei Geraden so, daß
    a) kein Schnittpunkt entsteht,
    b) ein Schnittpunkt entsteht,
    c) zwei Schnittpunkte entstehen,
    d) drei Schnittpunkte entstehen!

4. Welcher Weg ist der kürzere?

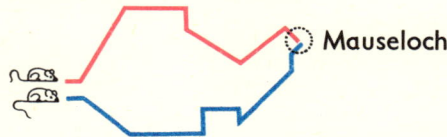 Mauseloch

5. Ortrud schätzt die Länge des Schulhofes auf 60 m.
Jochen und Tilo messen diese Strecke. Sie legen ein Meßband von
20 m Länge zweimal aus und messen dann noch 14 m.
Um wieviel Meter verschätzte sich Ortrud?

6. Zeichne eine Strecke von 4 cm Länge, darunter eine zweite,
die 3 cm länger ist! Und nun zeichne noch eine dritte Strecke,
die viermal so lang ist wie die erste!
Wie lang ist die zweite und wie lang die dritte Strecke?

7. Welche der beiden Flächen ist größer? Du kannst die Antwort durch geschicktes Ausschneiden und Zusammensetzen einer der beiden Figuren finden!

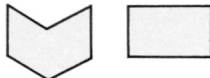

8. Bestimme mit dem Lineal die Längen der abgebildeten Strecken! Ordne sie dann der Größe nach!

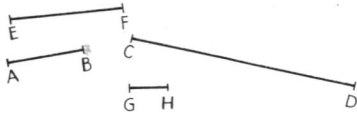

9. Finde alle in dem Bild enthaltenen Kreise und Vierecke!

10. Zwei Mädchen laufen mit einem Anfangsabstand von 90 m aufeinander zu.
Welcher Abstand wird zwischen ihnen sein, wenn jedes Kind 30 m gelaufen ist?

11. Zeichne eine Strecke $\overline{AB}$ von 11 cm Länge! Gib auf dieser Strecke einen Punkt C so an, daß die Strecke $\overline{AC}$ 5 cm kürzer ist als die Strecke $\overline{AB}$!
Wie lang ist die Strecke $\overline{AC}$?

12. Welche der sechs geometrischen Figuren gehört in das Kästchen mit dem Fragezeichen?

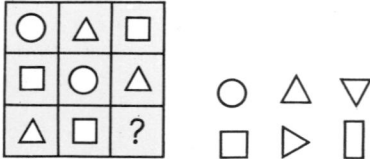

16

Familienfeier

Vervollständige das Parkettmuster!

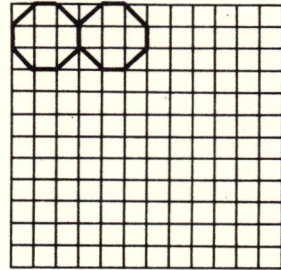

Setze fort!

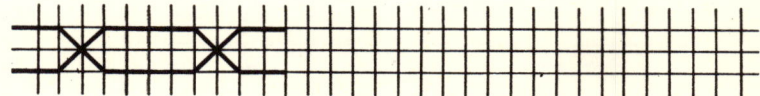

Welche der abgebildeten Teile (1 bis 7) füllen genau die Lücken (A bis E) des oberen Streifens aus?

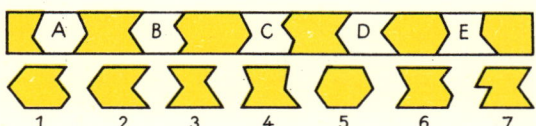

„Sage deinem Konstrukteur, daß ich gern einmal mit ihm sprechen möchte!"

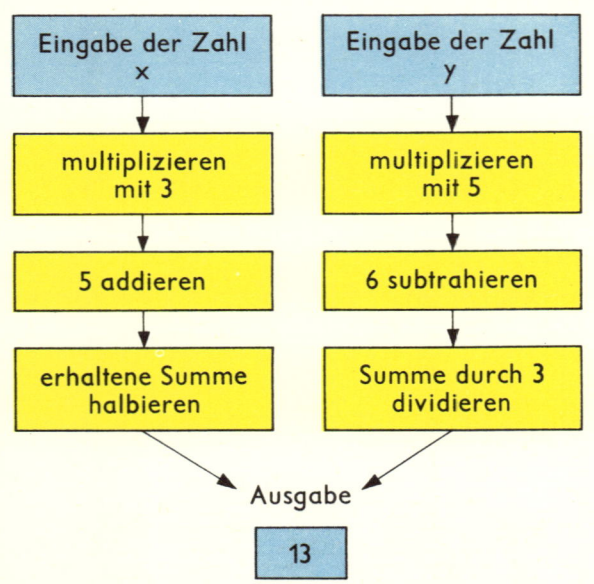

Eingabe der Zahl x	Eingabe der Zahl y
multiplizieren mit 3	multiplizieren mit 5
5 addieren	6 subtrahieren
erhaltene Summe halbieren	Summe durch 3 dividieren

Ausgabe

13

Welche beiden Zahlen werden eingegeben?

1. Vervollständige!

$4^* + {}^*7 = 70$ ${}^*8 - 71 = 2^*$

${}^*8 + 5^* = 95$ $5^* - {}^*8 = 0$

$8 \cdot {}^* = 2^*$ $3^* : {}^* = 7$

2. Die fünf Steine sind jeweils um ein Feld zu verschieben,
so daß sich zum Schluß in jeder Zeile, Spalte und auf den beiden
Diagonalen (rote Linie, blaue Linie) jeweils ein Stein befindet.

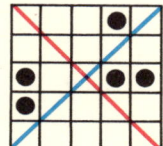

3. Setze anstelle der Fragezeichen die entsprechenden Zahlen!

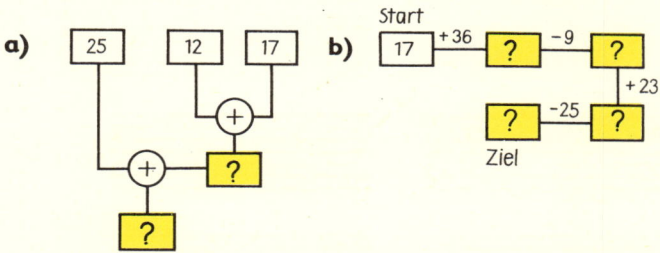

4. Die Buchstaben H, I, I, L, N, N, Q, T, U sind so einzusetzen,
daß zwei mathematische Begriffe entstehen.

5. Setze für ☐ jeweils das richtige Zeichen ein!

$2 \ \boxed{} \ 6 + 2 = 10$ $8 \ \boxed{} \ 7 \ \boxed{} \ 1 = 14$

$20 \ \boxed{} \ 10 \ \boxed{} \ 1 = 11$ $19 \ \boxed{} \ 3 \ \boxed{} \ 4 = 12$

$(70 - 21) : 7 \ \boxed{} \ 5$ $5 \cdot (2 + 3) \ \boxed{} \ 25$

$43 - 18 : 6 \ \boxed{} \ 40$ $7 \cdot 5 - 6 \ \boxed{} \ 30$

6. Addiert alle erkennbaren Zahlen! Wer ist der Schnellste?

7. Wer findet weitere Möglichkeiten?

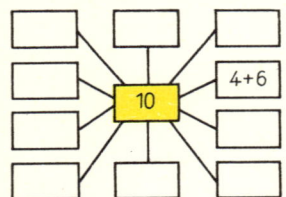

8. Gut gezielt! Wieviel Ringe hat Luise und wieviel Ringe hat Monika geschossen? Stelle eine Ungleichung auf!

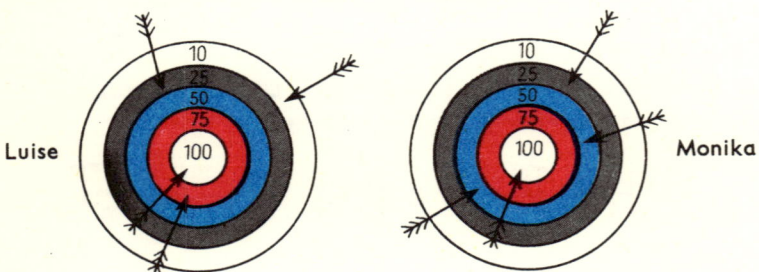

Luise   Monika

9. Denke dir eine Zahl, und schreibe sie auf! Verdopple die Zahl, und addiere 1! Multipliziere dann mit 5, und subtrahiere 5! Dividiere durch 10! Schreibe das Ergebnis neben die von dir gedachte Zahl! Was stellst du fest?

20

Vervollständige die Zahlenscheibe so, daß sich als Summe
stets 30 ergibt! (Zum Beispiel: 16 + 14 = 30)

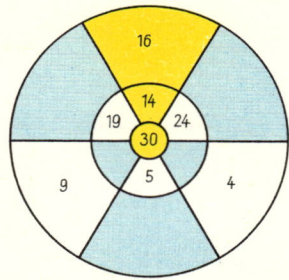

Setze in die Kreise von Bild 1 die Zahl 3 genau einmal,
jede der Zahlen 1 und 2 genau viermal so ein,
daß auf jeder der beiden Geraden die Summe der Zahlen 9 ist!

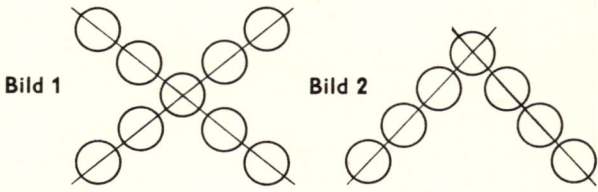

Bild 1   **Bild 2**

Trage die Zahlen 1 bis 7 so in die leeren Felder von Bild 2 ein,
daß auf jeder Geraden die Summe der Zahlen 15 ist!

1. Die Kinder einer Wandergruppe wollen ihre Schneebälle mindestens 12 m weit werfen. Hans wirft doppelt so weit. Martinas Ball fliegt 21 m weit.

Hans wirft ... Meter weit. Martina wirft ihren Ball

... Meter weiter als 12 Meter.   (2 Punkte)

2. Knobel Knifflig denkt sich eine Zahl a und addiert 12. Das Ergebnis ist um 1 kleiner als 16.

Welche Zahl mußt du für a einsetzen?

a = ...   (2 Punkte)

3. Setze die Zeichen „+" oder „−" richtig ein!

3 ☐ 4 ☐ 2 = 9
10 ☐ 10 ☐ 1 = 19
9 ☐ 10 ☐ 5 = 14   (3 Punkte)

4. Zeichne diese Laterne in einem Zug! Wieviel Dreiecke enthält diese Figur?

Es sind ... Dreiecke.

(2 Punkte)

5. Martin und Hannelore würfeln. Jeder hat drei Würfel. Stelle fest, wer mit zwei Würfen mehr Punkte erreicht hat und wieviel Punkte der eine mehr als der andere erreichte!

Martin   Hannelore

1. Wurf

2. Wurf

.... hat mehr Punkte erreicht.

.... hat ... Punkte mehr als .... erreicht.   (3 Punkte)

6. Jutta hat Geburtstag heute,
da kommen viele kleine Leute:
Hans und Inge, Rolf und Klaus
und noch aus dem Nachbarhaus
drei von ihren Kameraden,
alle sind sie eingeladen.

Mutti bringt den Kaffee rein.
Wieviel Tassen müssen's für die Kinder sein?
Es müssen ... Tassen sein.   (2 Punkte)

7. Setze alle fehlenden Zahlen ein!

a	b	a+b	12+a	a−b	a·b
8	6				
9		12			

(4 Punkte)

8. Setze die Zahlen 1, 1, 1, 2, 2, 2, 3, 3, 3 so in das Quadrat ein,
daß in jeder Zeile und Spalte die Zahlen 1, 2 und 3
nur je einmal vorkommen!

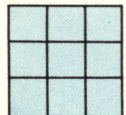

(3 Punkte)

Überprüfe deine Leistung an Hand der Lösungen auf Seite 65!

Aufgabe	1	2	3	4	5	6	7	8
Punkte								

Insgesamt ... Punkte
Sehr gute Leistung: 21, 20 und 19 Punkte
Gute Leistung: 18, 17, 16 und 15 Punkte

Verbinde drei Buchstaben jeweils mit einer Ziffer, so daß das
Rechteck in 5 Teile zerlegt wird! In jedem Teil sollen sich drei Blu-
men befinden, und zwar genau eine von jeder Sorte.
(Kennst du Frühlingsblumen, die unter Naturschutz stehen?)

1. Rainer braucht zum Überqueren einer Straße 4 Sekunden. Welche Strecke durchfährt in dieser Zeit ein Auto, das in jeder Sekunde 14 m zurücklegt?

2. Annerose überlegt: „Kaufe ich gleiche Geschenke zu je 7 M, dann verbrauche ich mein gespartes Taschengeld restlos. Kaufe ich aber gleiche Geschenke zu je 6 Mark, dann behalte ich 4 Mark übrig."

3. Janos, Kati und Monika wollen wippen.
Zuerst setzen sich Janos und Kati auf die Wippe (Bild a)) und anschließend Monika und Kati (Bild b)).

a) Kati **b)**

Janos   Monika   Kati

Ist Janos schwerer als Monika?

4. Ein mit Öl gefüllter Kanister hat eine Masse von 17 kg. Ist er nur halb gefüllt, dann beträgt seine Masse 9 kg. Wie groß ist die Masse des leeren Kanisters?

5. In einem Fahrstuhl dürfen höchstens 8 Personen befördert werden. Der Fahrstuhl fährt viermal hoch und wieder herunter, ohne auf den Zwischenstationen zu halten. Wieviel Personen könnten höchstens auf diesen Fahrten befördert werden?

6. Heike, Ines und Luise sind beim 60-m-Lauf in den Endlauf gekommen. Wie viele Möglichkeiten gibt es für die Reihenfolge, in der sie ins Ziel kommen können? Gib die Möglichkeiten des Einlaufs auch mit Hilfe der Namen an!

7. Michael erhält zum Geburtstag doppelt soviel Briefmarken geschenkt wie er bereits besitzt. Nun hat er zusammen 18 Briefmarken.
Wieviel Marken erhielt er zum Geburtstag geschenkt?

8. Um 16.08 Uhr kam Uwes Wandergruppe auf dem Bahnhof an. Sie war 67 Minuten mit dem Zug unterwegs. Wann hatte die Fahrt begonnen?

9. Jeder Tag hat 24 Stunden. Der 22. Juni jedes Jahres ist der längste Tag. Die Sonne geht 3.30 Uhr auf und 21.30 Uhr unter. Errechne, wieviel Stunden an diesem Tag vom Sonnenaufgang bis zum Sonnenuntergang vergehen!

10. Wolfgang sagt: „Ich fahre mit meinem Fahrrad in 2 Stunden 24 km." Sein Freund stellt fest: „Ich schaffe 4 km in 15 Minuten." Wieviel Kilometer fährt jeder der beiden Freunde in einer Stunde?

11. Heinz erklärt seiner Schwester Claudia, daß der Schall einen Kilometer in etwa 3 Sekunden zurücklegt.
a) Wie weit ist ein Blitz etwa entfernt, wenn Claudia vom Wahrnehmen des Blitzes bis zum Hören des Donners 12 Sekunden an ihrer Armbanduhr abliest?
b) Wie lange dauert es vom Sehen des Blitzes bis zum Hören des Donners, wenn der Blitz 6 km entfernt ist?

12. Eine Flasche Limonade kostet mit Pfand 60 Pf, ohne Pfand genau die Hälfte. Jens hat von seinen Eltern 1,20 Mark bekommen, damit er sich und seiner Schwester an einem heißen Sommertag im Bad Limonade kaufen kann.
Wie viele Flaschen Limonade kann Jens höchstens kaufen, und wie muß er den Kauf vornehmen?

13. Helmut möchte für genau zwei Mark Speiseeis kaufen. Es gibt Portionen zu 40 Pf und zu 60 Pf.
Welche Möglichkeiten hat Helmut, unter diesen Bedingungen Eis zu kaufen?

Hurra, wir haben Ferien! Im unteren Ferienbild fehlen
8 Einzelheiten, die oben vorhanden sind. Wer findet sie?

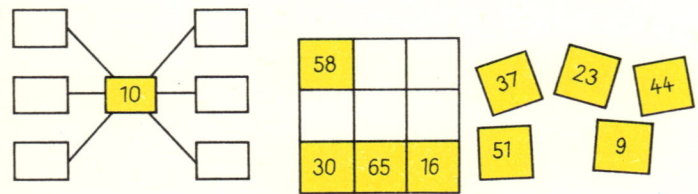

Trage in die linke Figur die Zahlen 2, 4, 8, 12, 16 und 18 so ein,
daß die Summe der Zahlen in den durch eine Gerade miteinander
verbundenen Feldern in jeder Richtung stets 30 beträgt!

Die fünf Kärtchen sind so in das magische Quadrat (Bild rechts)
einzusetzen, daß waagerecht, senkrecht und diagonal
die gleiche Summe entsteht.

1. Um wieviel ist die größte dreistellige Zahl größer als die kleinste dreistellige Zahl a?

2. Die Differenz zwischen 810 und a beträgt 350.
Wie heißt die Zahl a?

3. Aus roten, blauen und gelben Papierstreifen sollen dreifarbige Fähnchen geklebt werden (vgl. Bild).
Wieviel verschiedene Fähnchen lassen sich so herstellen?
Zeichne sie alle auf!

4. Wenn man die Zahl a um 7 verkleinert und das Ergebnis mit 9 multipliziert, so erhält man 108.
Wie heißt die Zahl a?

5. Setze anstelle der Quadrate gleich große Zahlen ein!
$$25 + 17 + \square + 12 + \square + 18 = 100$$

6. Vervollständige!

a	36	56		30	
b	9		5		2
a : b		8	10		8
a − b				20	14

7. Größer, kleiner oder gleich?
$$63 - 20 \;\square\; 63 - 30$$
$$(7 + 8) - 5 \;\square\; 7 + (8 - 5)$$
$$28 \;\square\; 15 + 13$$
$$8 + 8 + 8 + 8 \;\square\; 8 \cdot 5$$

8. Für welche natürlichen Zahlen gilt
a) $49 > 8 \cdot x > 31$
b) $258 < x < 261$?

9. Entscheide, ob wahr oder falsch!

	wahr	falsch
101 und 103 sind ungerade Zahlen.		
34 ist durch 4 ohne Rest teilbar.		
Die Summe von $2 \cdot 10^2$ und $4 \cdot 10^2$ ist gleich 500.		
Der dritte Teil von 25 ist gleich 8.		
$25 \cdot 15 > 40$		
$18 \cdot 2 : 2 = (18 : 2) \cdot 2$		

10. Von den folgenden 9 Zahlen sind 5 zu streichen, so daß die Summe der übrigen Zahlen 20 beträgt!

2, 2, 2, 5, 5, 5, 8, 8, 8

11. Ergänze!

Vorgänger		Nachfolger
gestern	heute	
	Donnerstag	Freitag
99 909		
	1 000 000	
		$r + 1$
	5 900	
		Juni

12. Erika ist jünger als Heike, aber älter als Doris. Heike ist jünger als Bärbel.
Ordne die Namen nach dem Alter der Mädchen!
Beginne mit dem Namen des jüngsten Mädchens!

13. Für Schnelldenker:

8 km = ... m   5 Tage = ... h

9 cm = ... mm   4 dm = ... cm

2 h = ... min   420 min = ... h

3 kg = ... g   62 dt = ... kg

30

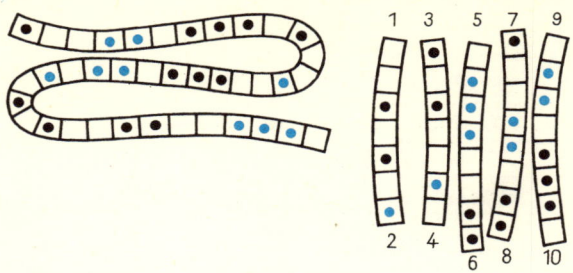

Welche Teile gehörten ursprünglich zusammen?

Die Summe der Zahlen in den weißen Feldern beträgt 50.
Gib noch drei weitere Gruppen von Zahlen an, deren Summe
jeweils 50 ist!

		8			
	3	6			
	12	9	11	13	
1	5	9	7	9	4
20	27	31	8	2	15

Auf nach 58 – und zwar durch Addition von oben nach unten –
über 5 Stationen!

WÜRFEL →

← NETZ

Betrachtet den Würfel! Stellt euch vor, er sei bis zur Hälfte in Tinte getaucht! Zeichnet das Netz ab, und schraffiert die in Tinte getauchten Flächen des Netzes! (Es gibt mehrere Lösungen!)

Im Bild 1 findet ihr 6 Kreisausschnitte A, B, C, D, E, F.
Wie muß man sie jeweils in die Kreisausschnitte 1, 2, 3, 4, 5, 6 im Bild 2 einsetzen, damit Kreisflächen entstehen?
Ordne Buchstaben und Ziffern einander zu!

Bild 1   Bild 2

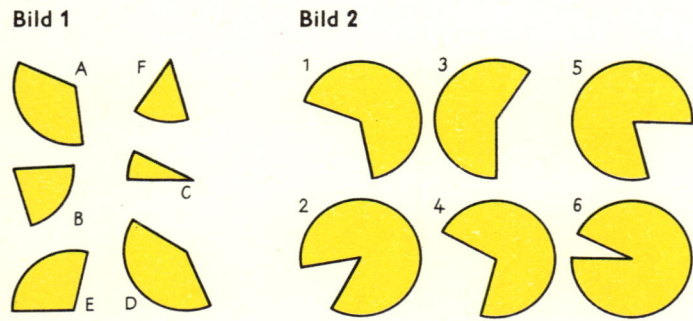

1. In welchen Beispielen ist die eine Figur nicht das Spiegelbild der anderen?

a)   b)   c)

d)   e)

2. Ermittle aus der Zeichnung die Entfernung zwischen C und D!

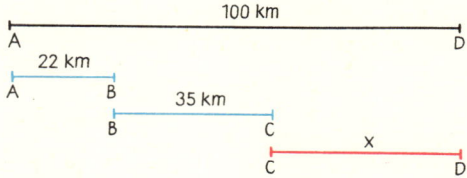

3. Zeichne ein Rechteck mit den Seitenlängen 2 cm und 5 cm!
Zerlege dieses Rechteck in vier Quadrate,
von denen zwei die Seitenlänge 2 cm haben!
Wie lang sind die Seiten der anderen beiden möglichen Quadrate?

4. Ist es möglich, die Fläche eines Rechtecks, die sich
aus 36 Quadratflächen zusammensetzt (vgl. Bild), so in zwei Teile
zu zerlegen, daß man diese zu einer Quadratfläche
zusammenfügen kann? Wenn ja, dann zerlege die Rechteckfläche
entsprechend!

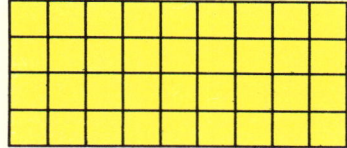

5. Eine Weide, 40 m lang und 24 m breit, soll einen Elektrozaun erhalten.

a) Wieviel Meter Draht benötigt man mindestens?

b) Wieviel Pfähle sind nötig, wenn sie im Abstand von 8 m eingerammt werden sollen?

6. Paß gut auf!

Wie viele Vierecke erkennst du in der Figur a)?

Wie viele Quadrate enthält die Figur b)?

Wie viele Quadrate und wie viele Dreiecke enthält die Figur c)?

Wie viele Dreiecke, Trapeze, Parallelogramme und Sechsecke zählst du bei der Figur d)?

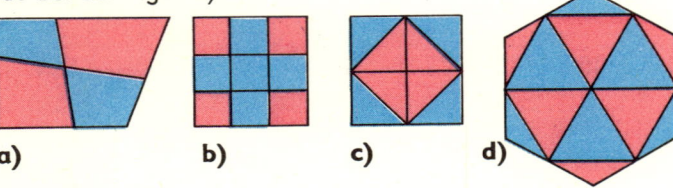

a)   b)   c)   d)

7. Der dritte Teil einer Strecke ist 4 cm lang. Ralfs Federtasche ist dreimal so lang wie die Hälfte dieser Strecke.

Wie lang ist Ralfs Federtasche?

8. Zeichne alle Geraden ein, die durch mindestens 2 Punkte verlaufen!

Wie viele solcher Geraden gibt es?

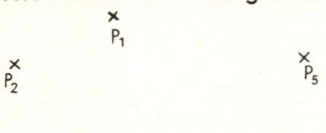

9. Ein Viertel (Bild 1), ein Drittel (Bild 2), die Hälfte (Bild 3) der jeweiligen Figur soll farbig ausgemalt werden.

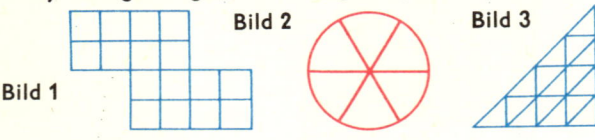

Bild 2   Bild 3

Bild 1

Vervollständige!

Welche der Figuren a bis f würdest du für das Fragezeichen einsetzen?

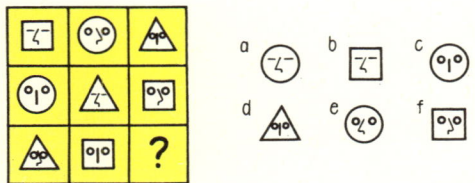

Jemand erhält die Aufgabe, alle Wege des Parks zu durchlaufen. Dabei darf jeder Weg nur einmal betreten und auch an keiner Stelle gekreuzt werden.
Finde eine Lösung!

1. Wie viele dreistellige Zahlen lassen sich unter Verwendung der Ziffern 1, 2 und 3 schreiben, wenn jede Ziffer in jeder Zahl nur einmal vorkommen darf?
Wie groß ist die Summe aus allen so erhaltenen Zahlen?

2. Einige Vögel kommen geflogen. Setzen sich die Vögel einzeln auf die Bäume, so bleibt ein Vogel übrig.
Setzen sie sich aber paarweise auf die Bäume,
so bleibt ein Baum ohne Vogel.
Wieviel Bäume und wieviel Vögel sind es?

3. Gib ungerade Zahlen an, deren Summe 14 beträgt!
(Es dürfen auch gleiche Summanden sein.)
Wie viele Möglichkeiten gibt es?

4. Lege von den 8 Stäbchen des Quadrates vier so um,
daß zwei kleine (gleich große) Quadrate entstehen!

5. Zehn Finger habe ich an jeder Hand, fünfundzwanzig an Händen und Füßen. Bringe durch Satzzeichen und Worttrennung Ordnung in diesen Satz!

6. Peter läßt seinen Drachen steigen. Sein Bruder fragt:
„Wie lang ist die Schnur?" Peter sagt lächelnd:
„Wenn ich fünfmal soviel Schnur hätte und davon die Hälfte nähme,
wären es 100 m."
Wie lang ist die Schnur, die Peter verwendet hat?

7. Ein Junge hat ebensoviel Schwestern wie Brüder,
seine Schwestern aber haben halb soviel Schwestern wie Brüder,
a) Wieviel Kinder gibt es in dieser Familie?
b) Wieviel davon sind Jungen, wie viele Mädchen?

8. Uwe und Katrin wollen Briefmarken tauschen.
Auf Katrins Frage nach der Anzahl seiner Tauschmarken
antwortet Uwe lächelnd: „Ermittle die Differenz aus
dem Doppelten der größten zweistelligen Zahl und 180,
dann weißt du, wieviel Tauschmarken ich besitze!"
Wieviel Tauschmarken besitzt Uwe?

9. Jedes Quadrat ist durch eine Ziffer zu ersetzen!

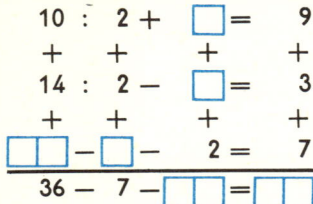

10. Denke dir eine Zahl und schreibe sie auf, multipliziere sie mit 5,
addiere dann 2, multipliziere mit 4 und addiere dann 3!
Multipliziere jetzt mit 5 und addiere dann 7!
Schreibe das Ergebnis auf! Streiche die beiden letzten Grundziffern
weg! Was stellst du fest?

11. Setze für die Figuren die Zahlen 2, 3 oder 5 so ein,
daß wahre Aussagen entstehen!
Gleiche Figuren bedeuten immer gleiche Zahlen.

○ + □ = △
△ + □ = ○ + ○ + 1
△ + ○ = □ + □ + □ + □

12. In einem undurchsichtigen Beutel befinden sich 2 grüne,
2 rote und 2 blaue Kugeln. Wie viele Kugeln mußt du,
ohne hineinzusehen, mindestens herausnehmen,
so daß du mit Sicherheit mindestens eine blaue Kugel erhältst?

13. Während einer Zirkusvorstellung waren 3 Löwen,
doppelt so viele Tiger wie Löwen, außerdem 8 Pferde und
halb so viele Elefanten zu sehen. Heinz erzählt seinen Freunden:
„Es waren 6 Tiger und halb so viele Löwen, 4 Elefanten und
doppelt so viele Pferde zu sehen." Hat Heinz recht?

In welchen Eingang muß der Hund hineingehen, um den Knochen zu erreichen?

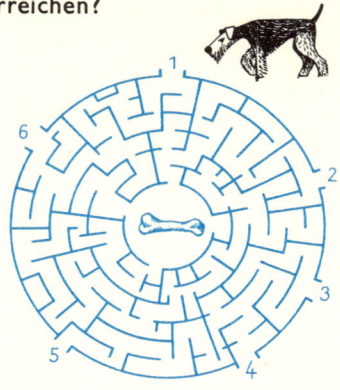

Wer findet den Weg von A nach B?

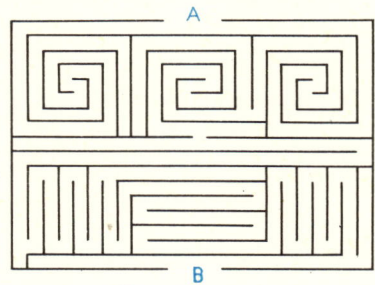

Welche Fläche ist größer, die Rechteckfläche oder die Fläche der drei gelben Dreiecke?

Ersetze die Buchstaben im Quadrat durch Zahlen!

A ist das Doppelte von C.
B ist der vierte Teil von A + C.
C ist das Produkt von 3 und 4.
D ist die Summe von A, B und C.

1. Die Mutter kauft im Kaufhaus zwei Schlafanzüge
zum gleichen Preis. Sie bezahlt dafür mit einem 20-Mark-Schein,
mit einem 10-Mark-Schein und einem 1-Mark-Stück.
Die Verkäuferin gibt ihr einen 5-Mark-Schein zurück.
Wieviel kostet ein Schlafanzug?
Ein Schlafanzug kostet ... Mark.   (3 Punkte)

2. Welche Zahl bedeutet jeder Buchstabe, wenn folgendes
bekannt ist:

$P = R : 40$

P	R	I	M	A

$M = A \cdot 3$
$R = M + A$
$A = 280 : 7$
$P + R + I + M + A = 350$ (3 Punkte)

3. Hier sind nicht mehr alle Ziffern zu erkennen.
Weißt du, wie sie heißen?

$2^* + {}^*0 = 54$
$7 \cdot {}^* = 1^*$ (2 Punkte)

4. Die folgenden Figuren haben eine bestimmte Anordnung.
Zeichne für die Fragezeichen die fehlenden Figuren ein!

(2 Punkte)

5. a) Löse!

$35 + x = 48$ $\quad x =$
$17 < 3x < 35$ $\quad x =$

b) Größer, kleiner oder gleich?
Setze das richtige Zeichen ein!
$(81 - 39) : 7 \;\square\; 5$ (3 Punkte)

6.

Drei mal drei mal drei,
viel Spaß macht uns die Rechnerei,
und zwei mal zwei plus neun dazu,
diese Zahl hast du im Nu!
Hänge eine Null noch an!
Welche Zahl bekommst du dann?   (3 Punkte)

7. Berechne die Zahl, die um 40 größer ist als die Differenz
der Zahlen 54 und 6! Die Zahl heißt . . .   (2 Punkte)

8. Die Zahlen 4, 5, 6, 7, 8, 9 sind so in die blauen Felder zu verteilen,
daß sich auf jeder Seite des Dreiecks die Summe 17 ergibt.

                                                            (2 Punkte)

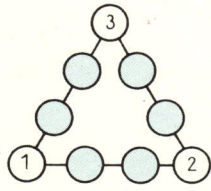

Überprüfe deine Leistung an Hand der Lösungen auf Seite 72!

Aufgabe	1	2	3	4	5	6	7	8
Punkte								

Insgesamt . . . Punkte
Sehr gute Leistung: 20, 19 Punkte
Gute Leistung: 18, 17, 16, 15 Punkte

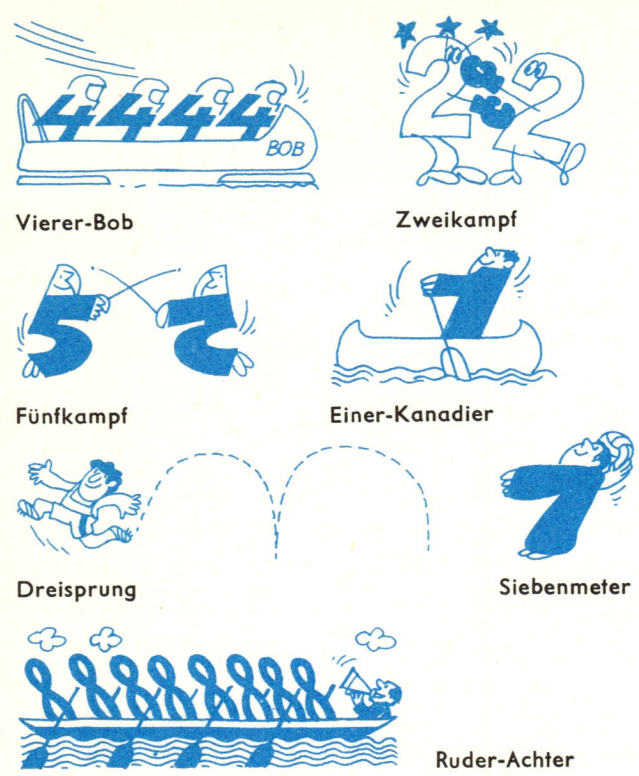

Vierer-Bob

Zweikampf

Fünfkampf

Einer-Kanadier

Dreisprung

Siebenmeter

Ruder-Achter

Auf dem Schachbrett sind vier verschiedene Figuren mehrfach abgebildet: Kreise, Rechtecke, Dreiecke, Trapeze.
Suche alle Quadrate, in denen je eine der vier Figuren enthalten ist (siehe Beispiel)!

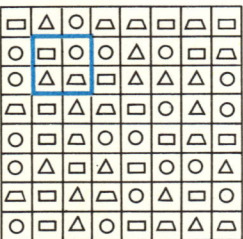

42

1. Ein Elefant erhält im Zoologischen Garten täglich
24 kg Schwarzbrot, 3 kg Weißbrot, je 16 kg Möhren und Rüben,
50 kg Heu.
Wieviel Kilogramm Brot, wieviel Kilogramm Möhren, wieviel Kilogramm Rüben und wieviel Kilogramm Heu erhält ein Elefant in einem Monat (30 Tage)?

2. Für 50 Briefumschläge bezahlte Helmut insgesamt 2 Mark.
Helga zahlte für Briefumschläge 1,60 M mehr als Helmut.
Wieviel Briefumschläge erhielt Helga?

3. Um zu ermitteln, welche Masse ein Maiskolben von einem
Versuchsfeld durchschnittlich hat, haben Schüler die Masse
von mehreren Maiskolben bestimmt. Der größte hatte 850 g,
3 Kolben hatten je 640 g und 2 Kolben 460 g.
Wie groß war die Masse eines Maiskolbens im Durchschnitt?

4. In einer Familie sind 5 Söhne. Jeder Sohn hat eine Schwester.
Wie viele Kinder sind insgesamt in der Familie?

5. Familie Müller kaufte sich zwei Bildbände.
Beide Bücher kosteten zusammen 41 Mark.
Das eine Buch war um 5 Mark billiger als das andere.
Wieviel Mark kostete jedes Buch?

6. In einer Stadt gibt es 40 neue Häuser.
In jedem dieser Häuser wohnen 250 Menschen.
Insgesamt wohnt in den neuen Häusern der dritte Teil
aller Einwohner dieser Stadt.
Wieviel Einwohner hat diese Stadt?

7. Der Kessel einer Feldküche faßt 180 Liter.
Für vier Soldaten werden drei Liter Essen ausgegeben.
Wieviel Soldaten können aus einem Kessel versorgt werden?

8. Sabine feiert Geburtstag. Dazu hat sie sich vier kleine Gäste
eingeladen.

Die Limonadengläser werden erhoben, und es wird auf ihre Gesundheit angestoßen.
Wievielmal erklingen die Gläser, wenn jeder mit jedem anstößt?

9. In der ungarischen Tropfsteinhöhle von Aggrelek ist der größte Tropfstein der Welt zu besichtigen, die 25 m hohe sogenannte „Sternwarte". Aus der Geologie (Gesteinskunde) weiß man, daß ein Tropfstein in 10 Jahren 1 mm wächst.
Wie alt ist der Tropfstein?

10. Ein Futtersilo enthält noch etwa 40000 kg Futter.
Täglich werden etwa 350 kg entnommen.
Reicht das Futter im Silo noch für 3 Monate zu je 30 Tagen?

11. Schüler pflanzen im Schulgarten Kohl.
Es sollen fünf Beete bepflanzt werden.
Jedes Beet soll drei Pflanzenreihen erhalten.
In jeder Reihe sollen 15 Pflanzen gesetzt werden.
Uwe holt dafür einen Korb, der 200 Pflanzen enthält.
Reicht die Anzahl der Pflanzen aus, um die Beete auf diese Weise zu bepflanzen?

12. Eine zentrale Vorbereitungsküche bereitet täglich 500 Schnitzel zu je 130 g, 600 Portionen mit je 125 g Fleisch und 2000 Buletten mit je 60 g Fleisch vor.
Berechne den Gesamtbedarf an Fleisch!

13. Viele Vögel sind für den Menschen sehr nützlich.
So vertilgt eine Kohlmeise täglich etwa 17 g Insekten.
Wieviel Kilogramm Insekten vertilgt eine Kohlmeise vom 1. Juni bis 31. August?

14. Zwei Väter und zwei Söhne benötigen für einen Theaterbesuch nur drei Einlaßkarten.
Wie ist das möglich?

15. Ein Klassenraum ist neu eingerichtet worden. Auf der Fensterseite stehen 6 Zweiertische, in der Mittelreihe fünf Zweiertische. An der Türseite können 12 Schüler sitzen.
Wieviel Plätze sind in der Klasse insgesamt vorhanden?

Fünf Schüler sind in den Klubraum gegangen, um gemeinsam
mit den dort bereits anwesenden Schülern an der kleinen
ABC-Mathe-Olympiade teilzunehmen.
Welche fünf Schüler waren das?

Kammrätsel

Die Buchstaben der zu erratenden Wörter sind senkrecht
von oben nach unten in die sechs Spalten einzusetzen.
Anschließend werden die Buchstaben C, E, M, S und U
so in die leeren Felder geschrieben, daß sich ein geometrischer
Begriff ergibt.

1. eine geometrische Figur,
2. eine andere Bezeichnung für „angenähert gleich",
3. eine Zehnerpotenz,
4. eine Zahl größer als zehn,
5. eine Zeiteinheit,
6. die Hälfte des Durchmessers eines Kreises

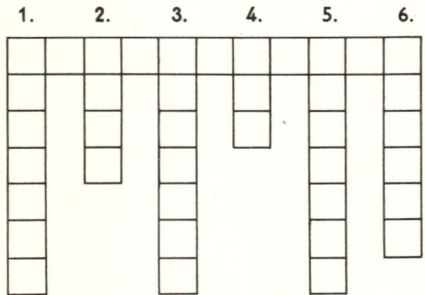

1. Ermittle die Summe aller geraden Zahlen, die durch 7 teilbar und kleiner als 100 sind!

2. Fritz sagt zu seinem Schulfreund: „Ich habe viele große und halb so viele kleine Fische gefangen. Zusammen waren es 16 Stück." Kann das stimmen?

3. Berechne die Produkte 8 · 93 und 9 · 83!
a) Bestimme die natürlichen Zahlen, die größer als das erste Produkt und kleiner als das zweite sind!
b) Berechne die Summe dieser Zahlen!

4. Welche Zahl muß man vom Fünffachen von 289 subtrahieren, um 445 zu erhalten?

5. Herr Schmidt hat in die Mathematikarbeitsgemeinschaft 17 verschiedene Briefmarken mitgebracht, und zwar

     5 Stück zu 20 Pf,   3 Stück zu 10 Pf,
     3 Stück zu 15 Pf,   6 Stück zu 5 Pf.

Seine Schüler sollen diese Marken in der Weise, wie es das Bild zeigt, anordnen, und zwar so, daß die Summe ihrer Werte in den waagerecht, senkrecht bzw. diagonal jeweils miteinander verbundenen Marken genau 55 Pf beträgt.

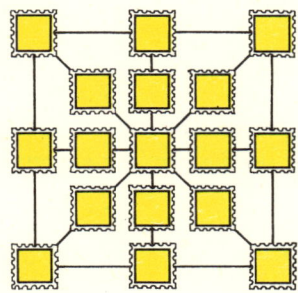

6. Welche Zahlen mußt du für a, b, c und e einsetzen?
    $34 + a = 40$ $40 : 10 = b$
    $b \cdot a = c$ $c : (a - b) + e = 56$

7. Ermittle alle Zahlen a, b, c, d, e, f, die die folgenden Ungleichungen erfüllen!

a) $5 \cdot 19 < a < 100$ d) $409002 > b > 408998$
b) $15 < 2 \cdot c - 3 < 25$ e) $100003 - e > 99998$
c) $3 > d : 12 > 0$ f) $74 > 650 : f > 64$

8. Die Fußballmannschaft der Schule gewann dreimal soviel Spiele als sie verlor. Vier Spiele verliefen unentschieden. Sie trug insgesamt 28 Spiele aus.
Wieviel Spiele gewann diese Mannschaft?

9. Hans hat zu einer natürlichen Zahl 450 addiert, von der Summe dann 725 subtrahiert und 75 erhalten.
Mit welcher natürlichen Zahl hat Hans begonnen?

10. Gib alle zwei- und dreistelligen Zahlen an, die sich aus den Ziffern 1, 2 und 3 bilden lassen, wobei sich diese Ziffern in einer Zahl wiederholen dürfen!

11. Bilde Aufgaben, die das Ergebnis 100 haben!
Zur Verfügung stehen dir dazu die mathematischen Zeichen $+, -, \cdot, :$ und

a) fünfmal die Ziffer 3,   c) viermal die Ziffer 9,
b) fünfmal die Ziffer 1,   d) fünfmal die Ziffer 5.
(Lösungsbeispiel: a) $33 \cdot 3 + 3 : 3 = 100$)

12. Löse folgende Gleichungen!

$$10^3 + z = 10^4 \qquad x - 7 \cdot 10^1 = 10^3$$
$$a \cdot 10^4 = 2 \cdot 10^5 \qquad 10^6 : b = 10^5$$

13. „Wie alt ist die Eiche?", fragten die Schüler den Förster.
„Nun überlegt einmal!", antwortete er verschmitzt.
„Addiert die größte einstellige Zahl und die größte zweistellige Zahl und die größte dreistellige Zahl!
Von dieser Summe subtrahiert die kleinste vierstellige Zahl!
Dann wißt ihr, wie alt die Eiche ist."

14.

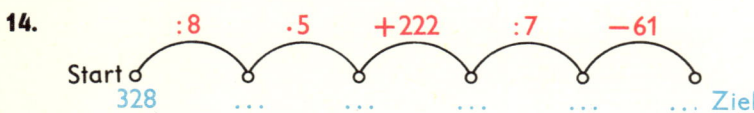

:8   ·5   +222   :7   —61

Start 328 ... ... Ziel

Pause die vier Teile des dargestellten Quadrates ab, und schneide sie aus!

Versuche nun, ohne auf die Vorlage zu sehen, aus den vier Einzelteilen das vorgegebene Quadrat zusammenzusetzen!

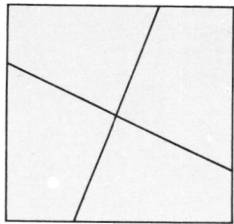

Die acht Zahlen 1, 2, 3, 4, 6, 7, 8, 9 sind so auf die quadratischen Felder zu verteilen, daß die Summe der Zahlen in den äußeren, in den inneren Feldern und in den Feldern auf den Diagonalen jeweils 20 ist.

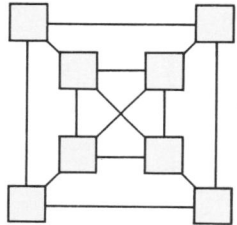

Verbinde alle geraden Zahlen miteinander! Die Verbindungslinien dürfen sich nicht kreuzen (Bild links).

Die quadratische Fläche (Bild rechts) ist durch drei Geraden so in fünf Teile zu zerlegen, daß sich in jedem Teil genau zwei Sterne befinden.

3	4	9	6	8
4	5	2	4	3
7	8	9	8	6
6	2	6	7	5
8	3	4	2	8

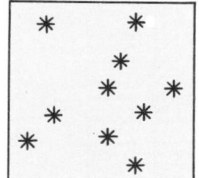

Welches Achteck ist aus den fünf gelben Teilen zusammengesetzt?

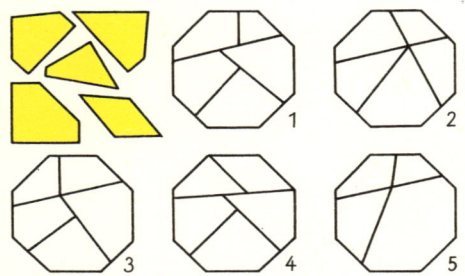

Nimm kariertes Papier, und versuche, das folgende Muster zu zeichnen!

1. Gegeben sei ein Rechteck mit den Seitenlängen
$\overline{AB} = a = 40$ cm und $\overline{BC} = b = 30$ cm.
Ermittle die Länge der Seite eines Quadrates, das den gleichen
Umfang wie das Rechteck hat!

2. Zeichne einen Punkt S! Von S aus zeichne nun 5 Strahlen so,
daß du ferner zwei parallele Geraden, die alle 5 Strahlen schneiden,
einzeichnen kannst!
Wieviel Dreiecke und wieviel Vierecke sind entstanden?

3. Jeweils 2 der 28 Teile passen genau übereinander.
Nenne diese 14 Paare!

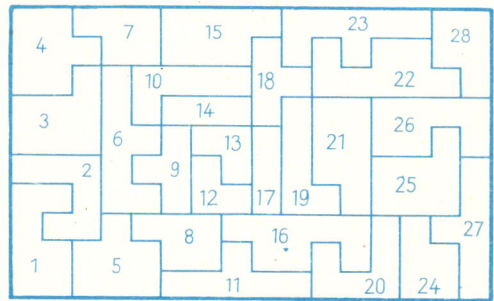

4. Eine Strecke von 168 cm Länge wurde in drei Teilstrecken
zerlegt.
Die zweite Teilstrecke war dreimal so lang, die dritte Teilstrecke
viermal so lang wie die erste Teilstrecke.
Berechne die Länge der einzelnen Teilstrecken!

5. Der Umfang eines Rechtecks soll 24 cm betragen.
Welche Möglichkeiten für die Seitenlängen dieses Rechtecks
gibt es, wenn ihre Maßzahlen natürliche Zahlen sind?
Verwende die Tabelle!

Länge					
Breite					

6. Welcher der Würfel a), b) oder c) gehört zu dem angegebenen Netz?

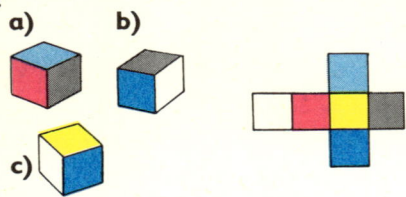

a)   b)

c)

7. Aus 12 Stäbchen wurden 5 Quadrate gelegt.
Nimm zwei Stäbchen weg, so daß nur noch zwei unterschiedlich große Quadrate übrigbleiben!

8. Pause die 6 Flächen ab, schneide sie aus, und lege sie zu einem Quadrat zusammen!

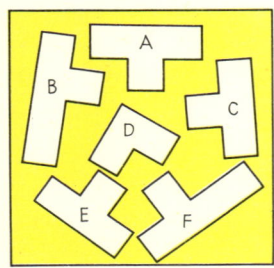

9. Wieviel Zentimeter Bindfaden benötigt man für das Verschnüren des abgebildeten Paketes?
Es ist 44 cm lang, 44 cm breit und 12 cm hoch (Für die Knoten benötigt man insgesamt 20 cm).

10. Ordne die nachfolgenden Längenangaben der Größe nach!
    a) 165 dm   **b)** 1700 cm   **c)** 4 km   **d)** 9070 m

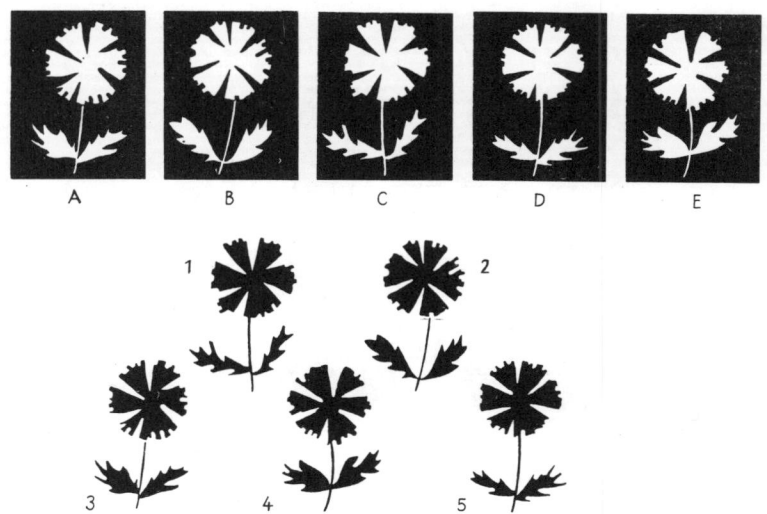

Aus schwarzem Papier (A, B, C, D, E) wurden fünf Nelken
(1, 2, 3, 4, 5) geschnitten.
Wer findet am schnellsten heraus, aus welchem Bogen welche
Blume stammt?

Jede der sechs Figuren ist durch einen geraden Schnitt
so in zwei Teilfiguren zu zerlegen, daß diese sich zu einem
Quadrat zusammenfügen lassen.

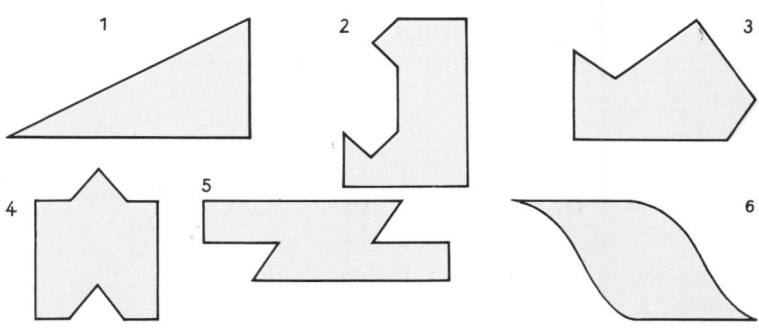

„Löse eine Aufgabe für den lieben Papa, eine für die liebe Mama...!"

Von den 25 Spielmarken sind zehn so wegzunehmen, daß in jeder Zeile, jeder Spalte und in jeder Diagonalen jeweils nur noch drei Spielmarken verbleiben.

Setze einstellige Zahlen so ein, daß sowohl waagerecht als auch senkrecht richtig gelöste Aufgaben entstehen!

1. Klaus (K), Inge (I), Peter (P) und Uschi (U) sollen an einem Staffellauf teilnehmen.
Wie viele Möglichkeiten gibt es für die Reihenfolge, in der sie laufen können?

2.   Unten an einer schönen Linden
         war gar ein kleiner Wurm zu finden.
         Der kroch hinauf mit aller Macht,
         acht Ellen richtig bei der Nacht,
         und alle Tage kroch er wieder
         vier Ellen dran hernieder.
         Zwölf Nächte trieb er dieses Spiel,
         bis daß er von der Spitze fiel
         am Morgen in die Pfütze,
         und kühlt sich ab von seiner Hitze.
         Mein Schüler sage ohne Scheu,
         wie hoch dieselbe Linde sei.   Adam Ries (1550)

3. Ute ist jetzt 10 Jahre jünger als ihr Bruder Jan.
In einem Jahr wird Jan dreimal so alt wie Ute sein.
Wie alt sind Ute und Jan?

4. Gerd baute einen Turm, indem er gleich große Würfel übereinander stellte. Von oben und allen Seiten waren genau 33 Quadrate zu sehen.
Aus wieviel Würfeln bestand dieser Turm?

5. Verschiebe diese neun Dominosteine so, daß die Summe der Augen auf den Dominosteinen in allen waagerechten und senkrechten Reihen stets 15 beträgt!

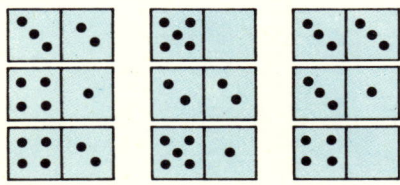

6. Vervollständige!

a) 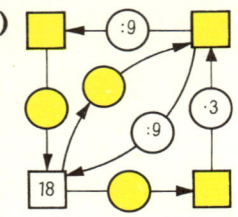 b)

7.   A und B haben zusammen 10 Mark,
A und C zusammen   19 Mark,
B und C zusammen   23 Mark

in ihren Geldbörsen. Wieviel Mark hat jeder bei sich?

8. In den folgenden Redensarten kommt jeweils eine Zahl vor, die ihr einsetzen sollt.
Wer die richtigen Zahlen eingesetzt hat und dann die Zahlen addiert, erhält die Summe 38.
a) Er tut, als ob er nicht bis ... zählen könnte.
b) Das ... Rad am Wagen.
c) Nun schlägt's aber ...
d) Er wartet bis ... nach ...

9. Verknüpfe die Zahlen 1280, 740, 600 und 60 durch die Rechenzeichen + oder − so, daß das Ergebnis gleich Null ist!

10. Rechne!

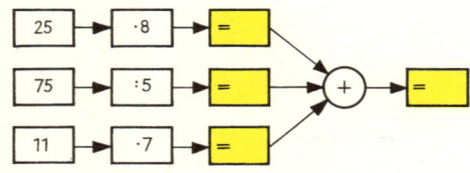

11. Lege ein Stäbchen so um, daß die Gleichung richtig ist!

a) $1 + 7 = 14 8 + 1$

b) $VI - IV = XI$

Kreuzzahlrätsel

Waagerecht: 2. die größte dreistellige Zahl, 5. das Doppelte von 26, 7. das Produkt von 8 und 8, 8. eine Zahl aus gleichen Ziffern, 10. die kleinste dreistellige Zahl, 12. das Neunfache von 40

Senkrecht: 1. die Hälfte von 50, 3. die Differenz von 1 000 und 35, 4. eine gerade Zahl zwischen 90 und 100, 6. ein Vielfaches von 50, 9. die Summe von 500 und 3, 10. der Nachfolger von 11, 11. der Vorgänger von 11

Silbenrätsel

Aus den Silben ad – al – au – chen – dert – di –
drei – eck – eck – ein – ein – ein –ek – fang –
fol – gen – ger – hei – hun – ken – län – li –
mat – nach – ne – nen – ord – re – recht –
send – tau – ten – tion – to – und – um – zig – zwan

sind 13 Wörter zu bilden, deren erste Buchstaben von oben nach unten gelesen den Namen eines berühmten Mathematikers ergeben.

1. Zeichengerät, 2. Zahlwort für 10^3, 3. Zahlen in eine bestimmte Reihenfolge bringen, 4. Zahl, die um 1 größer ist als eine gegebene natürliche Zahl, 5. Zahlwort, 6. Grundrechenart, 7. Viereck, 8. geometrische Figur, 9. ein Würfel hat acht . . ., 10. Summe aller Seiten einer Fläche, 11. mm, cm, dm, m, km, sind . . ., 12. Nachfolger von zwanzig, 13. Gerät, das selbständig Rechnungen ausführt

1. Knut will die Zahl der Fenster errechnen, die auf einer Seite eines 15stöckigen Hochhauses zu sehen sind.

In 14 Stockwerken sind es jeweils 9 Fenster.

Im 1. Stockwerk beträgt die Zahl der Fenster nur den dritten Teil der Fenster eines anderen Stockwerkes, weil dort Türen sind.

Das Hochhaus hat an einer Seite insgesamt ... Fenster. (2 Punkte)

2. Welche Zahl bedeutet jeder Buchstabe, wenn folgendes bekannt ist:

B	E	R	L	I	N

$$E + R + L = 21$$
$$R \cdot L = 42$$
$$I + L = 70 : R$$
$$B : E = I$$
$$L = 60 : 10$$
$$B + E + R + L + I + N = 60 \quad \text{(3 Punkte)}$$

3. Wieviel Trapeze findest du in dieser Figur?

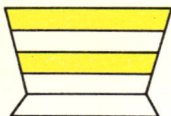

Es sind insgesamt ... Trapeze. (2 Punkte)

4. Für welche natürliche Zahlen gilt

$$31 < 8 \cdot x < 49?$$

$$x = ... \qquad \text{(1 Punkt)}$$

5. Vervollständige die Tabelle!

a	b	c	$a - b \cdot c$	$(a - b) \cdot c$
15		4	11	
6	4	1		
30	1			290
10	10		0	

(4 Punkte)

6. Lieber Koch, sag uns doch, wieviel Faschings-
pfannkuchen sind mit Senf gefüllt?
Darauf meint er:
„Zählt zur Zahl der senfgefüllten neun hinzu, nehmt
mal neun – so sind es neun mehr als neunundneunzig!"
. . . Pfannkuchen sind mit Senf gefüllt.   (3 Punkte)

7. Welche Zahlen mußt du für die Buchstaben im Quadrat
einsetzen, wenn folgendes bekannt ist:

J ist die Hälfte von K,
K ist die Summe von L und 9,
L ist die Differenz von M und 14,
M ist das Dreifache von 5,
die Summe von J und N ist 25?   (3 Punkte)

8. Setze die Zahlen 1, 2, 2, 3, 3, 4, 5, 5, 6, 7, 8, 8
so in die Felder des magischen Quadrats ein, daß die
Summe in jeder Zeile bzw. Spalte gleich 18 ist!

                                            (2 Punkte)

7			1
6			4

Überprüfe deine Leistung an Hand der Lösungen auf Seite 79!

Aufgabe	1	2	3	4	5	6	7	8
Punkte								

Insgesamt . . . Punkte
Sehr gute Leistung: 20, 19 Punkte
Gute Leistung: 18, 17, 16, 15 Punkte

Vervollständige!

Stufe 1 · Ein Blick ins Leben

Seite 7

1. Bernd und Wolfgang können noch 1 Stunde spielen.

2. Der Güterzug hat 21 Wagen.

3. Hinter der Wand stehen 4 Kinder.

4. Tasse und Handtuch sind gleich teuer.

5. Jede Strumpfhose kostet 8 Mark.

6. Kerstin kann 6, 7 oder 8 Jahre alt sein.

7. Das Tier hat 4 Beine.

8. Ein Wolf kann 15 Jahre, ein Fuchs 10 Jahre alt werden.

Seite 8

9.

Anzahl der Flaschen	1	2	4	5
Anzahl der gefüllten Gläser	7	14	28	35

10. Die Ente begann am 18. April mit dem Brüten.

11. Das ergibt einen Heuhaufen.

12. Eine Elster kann 27 Jahre, eine Krähe 40 Jahre alt werden.

13. Es gibt 6 verschiedene Arten:

Vater   Vater   Mutter   Mutter   Kerstin   Kerstin
Mutter   Kerstin   Vater   Kerstin   Vater   Mutter
Kerstin   Mutter   Kerstin   Vater   Mutter   Vater

14. Ja, es ist ein zusammengehörendes Paar dabei.

Seite 9

oben: Drachen – 46 Jahre
Mitte: Maus   – 17 Wochen
          Kater   – 25 Wochen
unten: Rauch kommt 'raus!

Seite 10

Mitte: SUBTRAHEND

Aufgepaßt – mitgemacht!

1. Die Zahl heißt 16.
2. $9 + x < 15$, x = 0, 1, 2, 3, 4, 5
3. a) einmal   b) dreimal   c) dreimal
4.

Summand	50	25	17
Summand	30	23	33
Summe	80	48	50

Minuend	10	17	45
Subtrahend	6	10	27
Differenz	4	7	18

5. Die Zahl heißt 14.
6. B und C, A und C, B und C
7. 10 Handschläge werden gewechselt.

8. Summanden kann man vertauschen.
9. 3 verschiedene Arten:
(1) 5 Pf + 1 Pf + 1 Pf + 1 Pf + 1 Pf + 1 Pf = 10 Pf
(2) 1 Pf + 1 Pf + 1 Pf + 1 Pf +1 Pf +
    1 Pf + 1 Pf + 1 Pf + 1 Pf + 1 Pf = 10 Pf
(3) 5 Pf + 5 Pf = 10 Pf
10. Die Zahl heißt 88.
11. Die gesuchte Zahl ist 92.
12. $34 + 57 = 91$; $14 + 38 = 52$; $17 + 35 = 52$
      $48 + 48 = 96$; $28 + 19 = 47$; $23 + 24 = 47$
      $38 + 38 = 76$
13.

a	b	a+b	a−b	2·a	a:6
12	2	14	10	24	2
36	9	45	27	72	6
18	8	26	10	36	3

14. a) 14   b) 24; 30   c) 76; 68   d) I   e) ⬠
15. a) x = 24, 25, 26   d) x = 0, 1, 2, 3, ..., 24, 25
    b) x = 3, 4, 5, 6, ...   e) x = 0, 1, 2, 3, 4
    c) x = 0, 1, 2, 3, 4, 5
16. $9 + 7 = 16$

Das Ergebnis heißt 90.

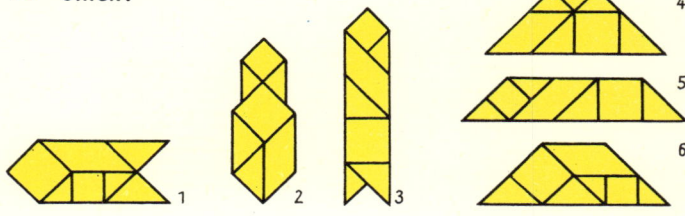

Mit Zirkel und Zeichendreieck

1. a) 24 Kästchen **b)** 25 Kästchen **c)** 48 Kästchen

2. Die beiden Vögel sitzen 2 m voneinander entfernt.

3. a) **b)** **c)** **d)**

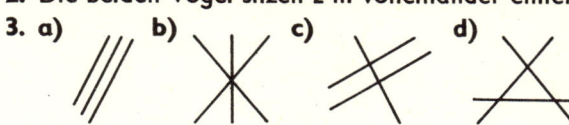

4. Der blaue Weg ist der kürzere Weg.

5. Ortrud verschätzte sich um 6 m.

6. Die zweite Strecke ist 7 cm lang. Die dritte Strecke
ist 16 cm lang.

7. Die beiden Flächen sind gleich groß.

8. $\overline{AB}$ = 1 cm, $\overline{CD}$ = 3 cm, $\overline{GH}$ = 5 mm, $\overline{EF}$ = 15 mm
$\overline{CD}$, $\overline{EF}$, $\overline{AB}$, $\overline{GH}$

9. 5 Kreise, 18 Vierecke

10. Zwischen den Kindern ist dann ein Abstand von 30 m.

11. Die Strecke $\overline{AC}$ ist 6 cm lang.

12. Der Kreis gehört in das Kästchen mit dem Fragezeichen.

unten: A; 5 B; 1 C; 6 D; 2 E; 4

$x = 7$; $y = 9$

1, 2, 3 – Knobelei!

1. $43 + 27 = 70$ $98 - 71 = 27$
        $38 + 57 = 95$ $58 - 58 = 0$
        $8 \cdot 3 = 24$ $35 : 5 = 7$

2.

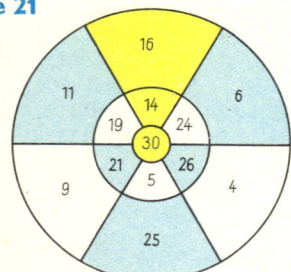

3. a) 29; 54   **b)** 53; 44; 67; 42

4. Quotient, Ungleichung

5. $2 + 6 + 2 = 10$ $8 + 7 - 1 = 14$
        $20 - 10 + 1 = 11$ $19 - 3 - 4 = 12$
        $(70 - 21) : 7 > 5$ $5 \cdot (2 + 3) = 25$
        $43 - 18 : 6 = 40$ $7 \cdot 5 - 6 < 30$

6. Die Summe heißt 90.

7. $0 + 10, 1 + 9, 2 + 8, 3 + 7, 4 + 6, 5 + 5,$
        $6 + 4, 7 + 3, 8 + 2, 9 + 1, 10 + 0$

8. Luise: 210 Ringe; Monika: 225 Ringe; $210 < 225$

9. Das Ergebnis ist wieder die gedachte Zahl.

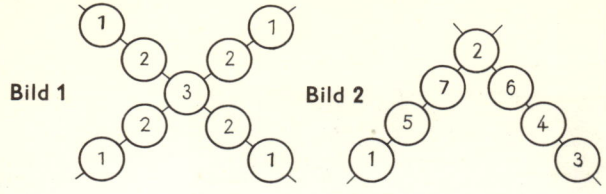

Bild 1 Bild 2

Wissensstraße Mathematik

Seite 22

1. Hans wirft 24 m weit.

Martina wirft 9 m weiter als 12 m.

2. Für a muß die Zahl 3 eingesetzt werden.

3. $3 + 4 + 2 = 9$

         $10 + 10 - 1 = 19$

          $9 + 10 - 5 = 14$

4.

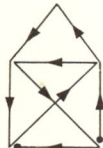

Die Figur enthält 9 Dreiecke.

5. Hannelore hat mehr Punkte erreicht.

Hannelore hat 2 Punkte mehr als Martin erreicht.

Seite 23

6. Es müssen 8 Tassen sein.

7.

a	b	a+b	12+a	a−b	a·b
8	6	14	20	2	48
9	3	12	21	6	27

8.

1	2	3
2	3	1
3	1	2

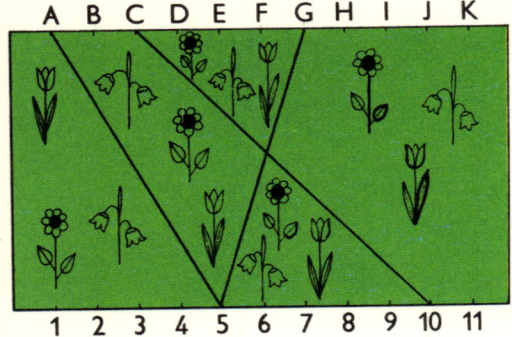

Stufe 2 · Ein Blick ins Leben

Seite 25

1. Das Auto fährt 56 m.

2. Annerose besitzt 28 Mark und will 4 Geschenke kaufen.

3. Ja, Janos ist schwerer als Monika.

4. Der leere Kanister hat eine Masse von 1 kg.

5. Es könnten höchstens 64 Personen befördert werden.

6. Es gibt 6 Möglichkeiten:

(1) Heike, Ines, Luise   (4) Ines, Heike, Luise

(2) Heike, Luise, Ines   (5) Luise, Heike, Ines

(3) Ines, Luise, Heike   (6) Luise, Ines, Heike

Seite 26

7. Michael erhielt zum Geburtstag 12 Briefmarken.

8. Die Fahrt hatte um 15.01 Uhr begonnen.

9. Es vergehen an diesem Tag vom Sonnenaufgang bis zum Sonnenuntergang 18 Stunden.

10. Wolfgang fährt in einer Stunde 12 km und sein Freund 16 km.

11. Der Blitz ist 4 km entfernt.

Vom Blitz bis zum Donner dauert es 18 Sekunden.

12. Jens kann insgesamt 3 Flaschen Limonade kaufen.
Er muß aber vor dem Kauf der dritten Flasche die bereits gekauften
Flaschen leer zurückgeben.

13. Helmut hat zwei Möglichkeiten:

(1) 200 Pf = 2 · 60 Pf + 2 · 40 Pf

(2) 200 Pf = 5 · 40 Pf

Seite 27

Seite 28

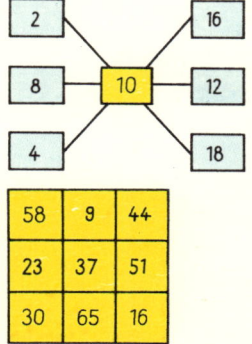

58	9	44
23	37	51
30	65	16

Aufgepaßt – mitgemacht!

1. Die größte dreistellige Zahl ist um 899 größer als die kleinste dreistellige Zahl.

2. Die Zahl a heißt 460.

3. Es lassen sich 6 verschiedene Fähnchen herstellen.

4. a = 19

5. 25 + 17 + 14 + 12 + 14 + 18 = 100

6.

a	36	56	50	30	16
b	9	7	5	10	2
a : b	4	8	10	3	8
a—b	27	49	45	20	14

7.

$$63 - 20 > 63 - 30 \qquad 43 > 33$$
$$(7 + 8) - 5 = 7 + (8 - 5) \qquad 10 = 10$$
$$28 = 15 + 13 \qquad 28 = 28$$
$$8 + 8 + 8 + 8 < 8 \cdot 5 \qquad 32 < 40$$

8. a) x = 6, 5, 4   **b)** x = 259, 260

9. wahr, falsch, falsch, falsch, wahr, wahr

10. 2 + 8 + 2 + 8 = 20 oder 2 + 8 + 5 + 5 = 20

11.

Vorgänger		Nachfolger
gestern	heute	morgen
Mittwoch	Donnerstag	Freitag
99 909	99 910	99 911
999 999	1 000 000	1 000 001
r—1	r	r+1
5 899	5 900	5 901
April	Mai	Juni

12. Doris, Erika, Heike, Bärbel

13.

8 km = 8000 m	3 kg = 3000 g	420 min = 7 h
9 cm = 90 mm	5 Tage = 120 h	62 dt = 6200 kg
2 h = 120 min	4 dm = 40 cm	

Seite 31

oben: 7; 8; 3; 4; 10; 9; 2; 1; 6; 5

Mitte:

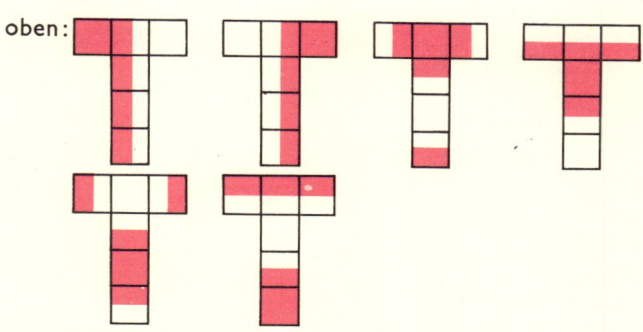

unten: $8 + 3 + 9 + 7 + 31 = 58$; $8 + 3 + 11 + 9 + 27 = 58$

Seite 32

oben:

unten: 1 A; 2 F; 3 D; 4 E; 5 B; 6 C

Mit Zirkel und Zeichendreieck

Seite 33

1. b), c), d)

2. $\overline{CD} = 43$ km

3. Die Länge der Seiten der kleinen Quadrate beträgt 1 cm.

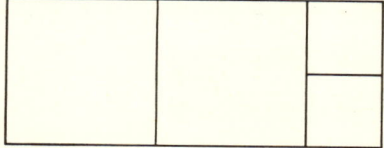

4.

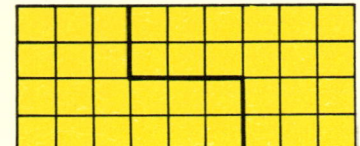

Seite 34

5. a) 128 m Draht werden benötigt.

   b) 16 Pfähle sind nötig.

6. a) 9 Vierecke **b)** 14 Quadrate

   c) 6 Quadrate, 12 Dreiecke

   d) 12 Dreiecke, 6 Trapeze, 6 Parallelogramme, 2 Sechsecke

7. Ralfs Federtasche ist 18 cm lang.

8.

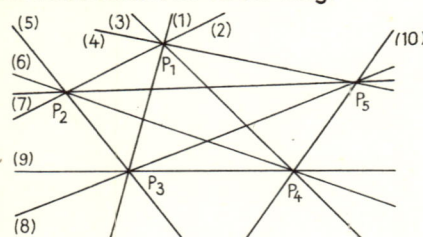

9.

Bild 1  Bild 2 Bild 3

Seite 36

Mitte: a

unten:

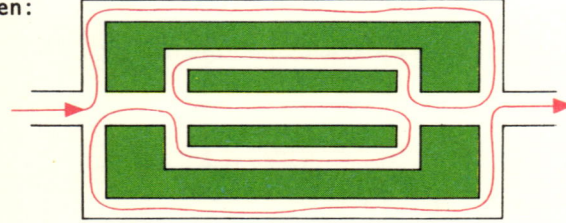

70

1, 2, 3 – Knobelei!

Seite 37

1. 123; 132; 231; 213; 312; 321
Die Summe dieser 6 Zahlen beträgt 1332.
2. 3 Bäume, 4 Vögel
3. 7 Möglichkeiten
1; 13 5; 9 9; 5 13; 1 3; 11 7; 7 11; 3
4.

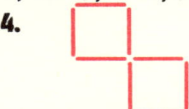

5. Zehn Finger habe ich, an jeder Hand fünf, und zwanzig an Händen und Füßen.
6. Die Schnur ist 40 m lang.
7. a) In dieser Familie gibt es 7 Kinder.
   b) 4 Jungen, 3 Mädchen

Seite 38

8. Uwe besitzt 18 Tauschmarken.
9.

$$
\begin{array}{ccccccc}
10 & : & 2 & + & 4 & = & 9 \\
+ & & + & & + & & + \\
14 & : & 2 & - & 4 & = & 3 \\
+ & & + & & + & & + \\
12 & - & 3 & - & 2 & = & 7 \\
\hline
36 & - & 7 & - & 10 & = & 19
\end{array}
$$

10. Man erhält wieder die gedachte Zahl.
11.

$$3 + 2 = 5$$
$$5 + 2 = 3 + 3 + 1$$
$$5 + 3 = 2 + 2 + 2 + 2$$

12. Es müssen mindestens 5 Kugeln sein.
13. Ja!

Seite 39

oben: Der Hund muß den Eingang 2 benutzen.

Mitte:

Die Rechteckfläche ist gleich der Summe der Dreiecksflächen.

unten:

	24	
9		.12
	45	

Wissensstraße Mathematik

Seite 40

1. Ein Schlafanzug kostet 13 Mark.

2.

P	R	I	M	A
4	160	26	120	40

3. $24 + 30 = 54$
          $7 \cdot 2 = 14$

4.

□	▼	○
▽	○	■
●	□	▽

5. a) $x = 13$; $x = 6, 7, 8, 9, 10, 11$
   b) $(81 - 39) : 7 > 5$

Seite 41

6. Die Zahl heißt 400.

7. $54 - 6 = 48$; $48 + 40 = 88$; Die Zahl heißt 88.

8.

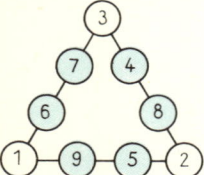

Seite 42

Es gibt noch 11 weitere Möglichkeiten.

Stufe 3 · Ein Blick ins Leben

Seite 43

1. Ein Elefant erhält in einem Monat 810 kg Brot, 480 kg Möhren, 480 kg Rüben und 1 500 kg Heu.

2. Helga erhielt 90 Briefumschläge.

3. Ein Maiskolben hatte durchschnittlich eine Masse von 615 g.

4. In der Familie sind 6 Kinder.

5. Die Bücher kosteten 18 Mark und 23 Mark.

6. Die Stadt hat 30 000 Einwohner.

7. Aus einem Kessel können 240 Soldaten versorgt werden.

Seite 44

8. Die Gläser erklingen zehnmal.

9. Der Tropfstein ist 250 000 Jahre alt.

10. Ja, das Futter reicht noch für 3 Monate.

11. Nein, es werden 225 Pflanzen benötigt.

12. Der Gesamtbedarf an Fleisch beträgt 260 kg.

13. Die Kohlmeise vertilgt etwa 1,564 kg Insekten.

14. Sohn, Vater, Großvater

15. In der Klasse sind 34 Plätze vorhanden.

Seite 45

D	U	R	C	H	M	E	S	S	E	R
R		U		U		L		E		A
E		N		N		F		K		D
I		D		D				U		I
E				E				N		U
C				R				D		S
K				T				E		

Aufgepaßt – mitgemacht!

Seite 47

1. Die Summe beträgt 392.

2. Das kann nicht stimmen; denn 16 ist nicht ohne Rest durch 3 teilbar.

3. a) 745 und 746   **b)** 1 491

4. Man muß die Zahl 1 000 subtrahieren.

5.

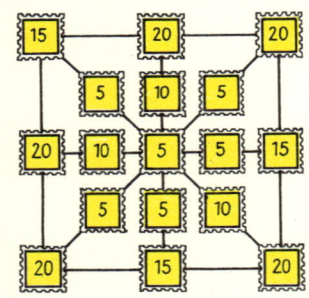

6. $a = 6$; $b = 4$; $c = 24$; $e = 44$

Seite 48

7. a) $a = 96, 97, 98, 99$ **e)** $e = 0, 1, 2, 3, 4$
    b) $c = 10, 11, 12, 13$ **f)** $f = 10$
    c) $d = 24, 12$
    d) $b = 409\,001, 409\,000, 408\,999$

8. Die Mannschaft gewann 18 Spiele.

9. Die Ausgangszahl heißt 350.

10.

11	21	31	111	121	131
12	22	32	112	122	132
13	23	33	113	123	133

211	221	231	311	321	331
212	222	232	312	322	332
213	223	233	313	323	333

11. b) $111 - 11 = 100$

    c) $99 + 9 : 9 = 100$

    d) $5 \cdot 5 \cdot 5 - 5 \cdot 5 = 100$

12. $z = 9000$ $x = 1070$

     $a = 20$ $b = 10$

13. Die Eiche ist 107 Jahre alt.

14.

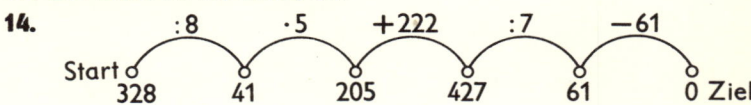

Start 328   :8   41   ·5   205   +222   427   :7   61   −61   0 Ziel

Seite 49

Mitte:

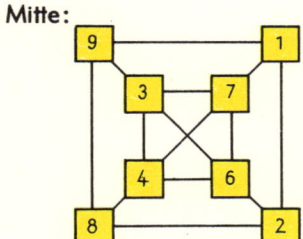

unten links:

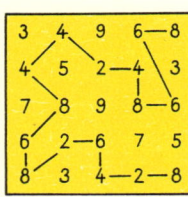

unten rechts:

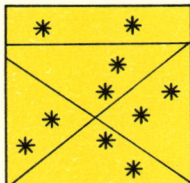

Seite 50

Das Achteck 4 ist aus den angegebenen fünf Teilen zusammengesetzt.

Mit Zirkel und Zeichendreieck

1.   a = 35 cm

2.

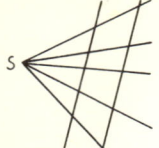 20 Dreiecke
10 Vierecke

3.   16; 22   15; 21   24; 28
         1; 26   2; 20   9; 18
         3; 25   11; 27   12; 13
         4; 5   7; 8   14; 17
         6; 23   10; 19

4. Die erste Teilstrecke ist 21 cm, die zweite 63 cm
und die dritte 84 cm lang.

5.

Länge	1	2	3	4	5	6	7	8	9	10	11
Breite	11	10	9	8	7	6	5	4	3	2	1

6. Der Würfel b) gehört zu dem angegebenen Netz.

7.

8.

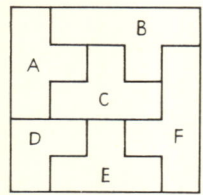

9. 356 cm Bindfaden werden benötigt.

10. 9070 m; 4 km; 1700 cm; 165 dm

oben: A; 3 C; 1 E; 4 B; 2 D; 5

unten: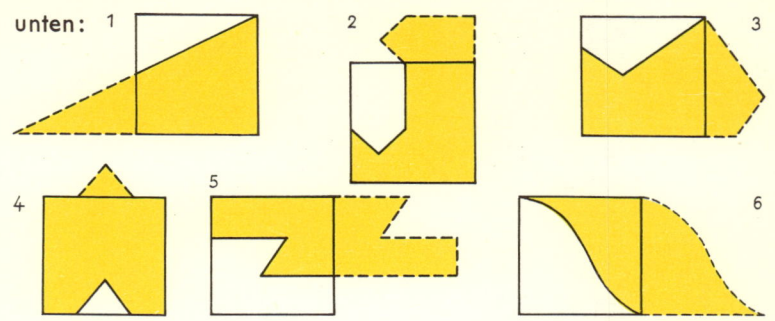

Seite 54

Mitte:

unten:

1	•	3	•	2	=6
+		−		+	
1	+	2	+	3	=6
+		+		−	
2	+	3	+	1	=6
=4		=4		=4	

3	•	2	−	2	=4
•		+		+	
1	+	3	•	1	=4
+		−		−	
1	+	1	+	2	=4
=4		=4		=1	

1, 2, 3 – Knobelei!

Seite 55

1. Für die Reihenfolge gibt es 24 Möglichkeiten.
2. Die Linde ist 52 Ellen hoch.
3. Ute ist 4 Jahre und Jan ist 14 Jahre alt.
4. Der Turm bestand aus 8 Würfeln.

5.

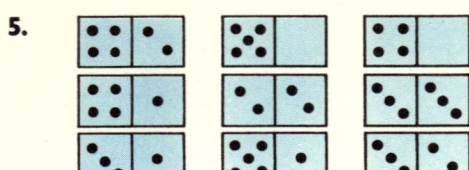

Seite 56

6. a)

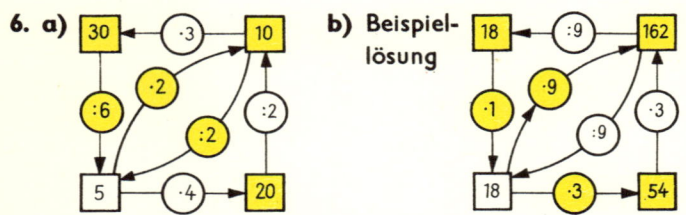

b) Beispiel-lösung

7. A hat 3 Mark, B hat 7 Mark und C hat 16 Mark in seiner Geldbörse.

8. a) Er tut, als ob er nicht bis 3 zählen könnte.

    b) Das 5. Rad am Wagen.

    c) Nun schlägt's aber 13.

    d) Er wartet bis 5 nach 12.

9. $1280 + 60 - 740 - 600 = 0$

10.

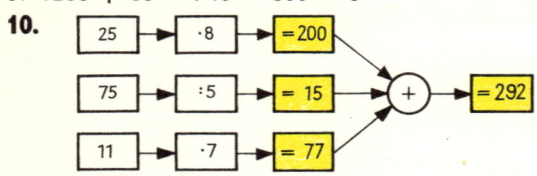

11. a) 1+7 = 14 □-1 **b)** VI + IV = X oder VI + V = XI

Seite 57

Kreuzzahlrätsel:

¹2		²9	³9	⁴9
⁵5	⁶2		⁷6	4
	⁸5	⁹5	5	
¹⁰1	0	0		¹¹1
2		¹²3	6	0

78

Silbenrätsel: Leonhard Euler

1. Lineal	9. Ecken
2. eintausend	10. Umfang
3. ordnen	11. Längeneinheiten
4. Nachfolger	12. einundzwanzig
5. hundert	13. Rechenautomat
6. Addition	
7. Rechteck	
8. Dreieck	

Wissensstraße Mathematik

Seite 58

1. Das Hochhaus hat an einer Seite insgesamt 129 Fenster.

2.

B	E	R	L	I	N
32	8	7	6	4	3

3. 11 Trapeze

4. $x = 4, 5, 6$

5.

a	b	c	$a - b \cdot c$	$(a - b) \cdot c$
15	1	4	11	56
6	4	1	2	2
30	1	10	20	290
10	10	1	0	0

Seite 59

6. 3 Pfannkuchen sind mit Senf gefüllt.

7.

5		10
	1	
15		20

8.

7	2	8	1
1	8	2	7
4	5	3	6
6	3	5	4

„Glaubst du nun, daß 8 geteilt durch zwei gleich 3 ist?"

Mathematische Begriffe

Waagerecht und senkrecht sind insgesamt 10 mathematische Begriffe versteckt. Suche sie!

E	T	P	O	P	A	S	U	M	M	E	F
S	F	P	S	R	T	A	O	I	K	T	D
F	A	K	T	O	R	M	S	N	R	D	I
M	R	S	K	D	E	I	M	U	S	I	F
O	T	E	E	U	M	A	U	E	E	V	F
S	O	I	S	K	A	N	T	N	O	I	E
U	S	O	A	T	S	K	A	D	M	D	R
S	U	S	U	M	M	A	N	D	T	E	E
D	I	V	I	S	O	R	V	I	R	N	N
I	K	Q	U	O	T	I	E	N	T	D	Z
S	U	B	T	R	A	H	E	N	D	E	F

80

1. Achtung! Zahlenschlangen!

2. Rechne!

a) 28 + 4 : 2 = **b)** (28 — 4) : 2 =

c) (28 + 4) : 2 = **d)** 28 — 4 : 2 =

3. Setze in die Kästchen die Rechenzeichen $<$, $>$ oder $=$ ein, so daß richtig gelöste Aufgaben entstehen!

a) 3 + 4 ☐ 9 — 1 **b)** 2 · 9 ☐ 9 : 3

c) 16 — 5 ☐ 3 · 4 **d)** 28 ☐ 15 + 13

e) 16 : 2 ☐ 6 + 2 **f)** 4 + 5 ☐ 4 · 5

g) 2 · 2 ☐ 2 + 2 **h)** 7 + 8 + 5 ☐ 7 + (8 · 5)

4. Berechne von den Zahlen 9 und 3

a) die Summe, **b)** das Produkt,

c) die Differenz, **d)** den Quotienten!

5. Setze die Zahlwörter eins, zwei, drei und vier so in die Lücken ein, daß sinnvolle Wörter entstehen!

Run...se, Kl...tadt, Tannen...g, Kla...stunde

81

6. Fülle die Tabelle aus!

a	b	a : b	a + 2	2 · b	b — 5
24	8				
6	6				
20		4			

7. Bilde richtig gelöste Gleichungen, in denen die Zahlen 4 und 8 vorkommen!

8. Subtrahiere vom Quotienten der Zahlen 16 und 2 die Zahl 8!

9. Bestimme m, n, s und z!

$$m = 35 - 17 \qquad n = m - 12$$
$$z = 2 \cdot 4 \cdot n \qquad s = z : n$$

10. Welche Zeiten geben folgende Uhren an?

11. a) Rechne flink und sicher!   **b)** Rechne vorteilhaft!

f	f < 3
l	4 < l
i	2 + i < 6
n	10 — n > 8
k	9 · k < 35
s	7 · s + 2 < 30
i	42 > 5 · i > 19
c	c : 9 < 5
h	44 < 45 + 2 · h < 54
e	3 · (e + 4) < 16
r	48 < r < 52

7 + 3 + 3 + 7 =	v
27 — 5 + 3 — 5 =	o
29 + 17 + 11 — 19 =	r
27 + 27 + 27 =	t
36 — 6 — 6 — 6 — 6 =	e
3 · 3 · 5 · 2 =	i
7 · 8 — 3 · 8 + 8 =	l
72 : 8 + 7 · 8 — 65 =	h
(15 · 3) : 5 =	a
27 : (3 · 9) =	f
2 · 8 · 0 · 3 =	t

Prächtig bist du, großer Hecht,
Kommst zum Mittagsmahl grad recht.
Und im Nu hab' ich vergessen,
Wie oft ich hier umsonst gesessen.
Wieviel Tage sind's gewesen?
Am Fisch kannst du es selbst ablesen.

Magische Quadrate

2	9	4
7	5	3
6	1	8

Bild 1

25	4	19
	16	

Bild 2

1		11	14
12	13	2	7
	3		9
15		5	4

Bild 3

Sicher kennst du das magische Quadrat, das in Bild 1 dargestellt ist.
Die Summe der drei Zahlen in jeder Reihe, jeder Spalte und jeder
großen Diagonale ist gleich. Prüfe das nach!
Ergänze im Bild 2 die kleinen Quadrate so, daß die Summe der
Zahlen jeder Reihe, jeder Spalte und jeder Diagonale gleich ist!
Verfahre im Bild 3 ebenso!

Wieviel Dachziegel fehlen in dem kleinen Haus?

Das Spiegelbild

Der Hahn betrachtet sich im Spiegel. Ist es wirklich sein Spiegelbild? Wieviel Unterschiede entdeckst du?

Rechne!

Wie alt ist Vater Timo?

Male aus!

Die beiden Randleisten geben an, wie die leeren Felder auszufüllen
sind.

1. Ordne zu!

2. Danila kauft vier Schreibblöcke für je 3 Dinar (algerische Währungseinheit).
Wieviel Bleistifte zu je 2 Dinar kann sie noch kaufen, wenn sie 20 Dinar vom Vater erhielt?

3. Muhammad fragt seine Schwester Ami: „Wie schwer ist der Korb mit Datteln?" Wie muß die Antwort lauten?

4. An der Tafel stand geschrieben:

$$25 + 17 + \quad + 12 + \quad + 18 = 100$$

Welche beiden gleich großen natürlichen Zahlen fehlen an der Stelle der Flecken?

5. Wer hat gewonnen?

Silva Augenzahl	⚀	⚁	⚂	⚃	⚄	⚅
Anzahl der Würfe	II	III	I	I		III

Angelo Augenzahl	⚀	⚁	⚂	⚃	⚄	⚅
Anzahl der Würfe	I	III		IIII		II

6. Peter soll nicht mehr als 7 kg auf einmal nach Hause tragen. Die Mutter kauft 5 kg Kartoffeln, 2 kg Zwiebeln, 3 kg Tomaten und 1 kg Obst.
Welche der eingekauften Waren könnte Peter nach Hause tragen?

7. Bestimme z!

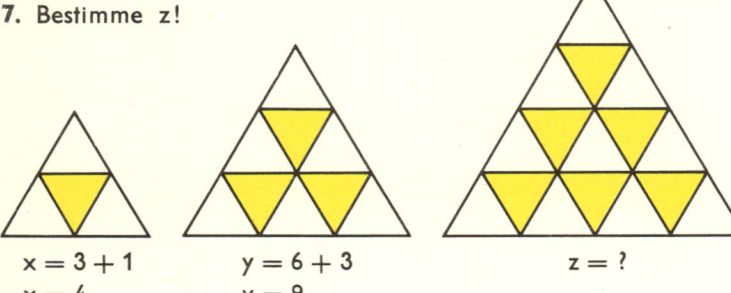

$x = 3 + 1$
$x = 4$

$y = 6 + 3$
$y = 9$

$z = ?$

8. Die Entfernung vom Haus bis zum Baum beträgt 56 Meter. Die Entfernung vom Baum bis zum Brunnen ist 36 m kürzer.
Wie weit ist der Brunnen vom Haus entfernt?

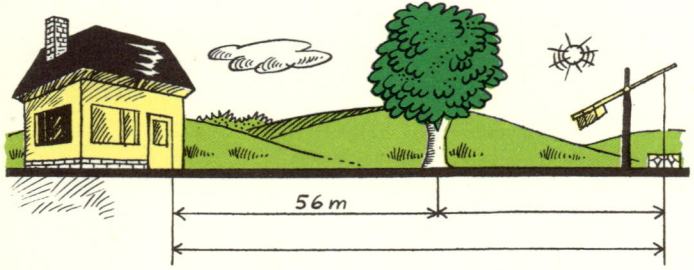

56 m

9. Erfülle die Programme!

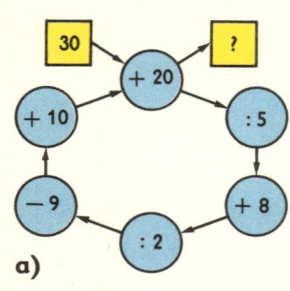

a)

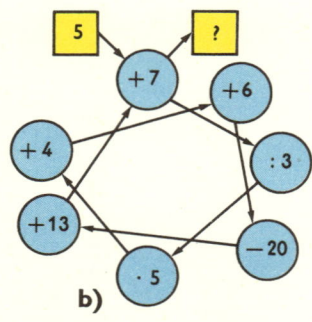

b)

86

Zeichne!

Verbinde die Zahlen mit dem Lineal, beginnend bei der Zahl 1!

Wer schafft es, die begonnenen Bilder fertigzustellen?

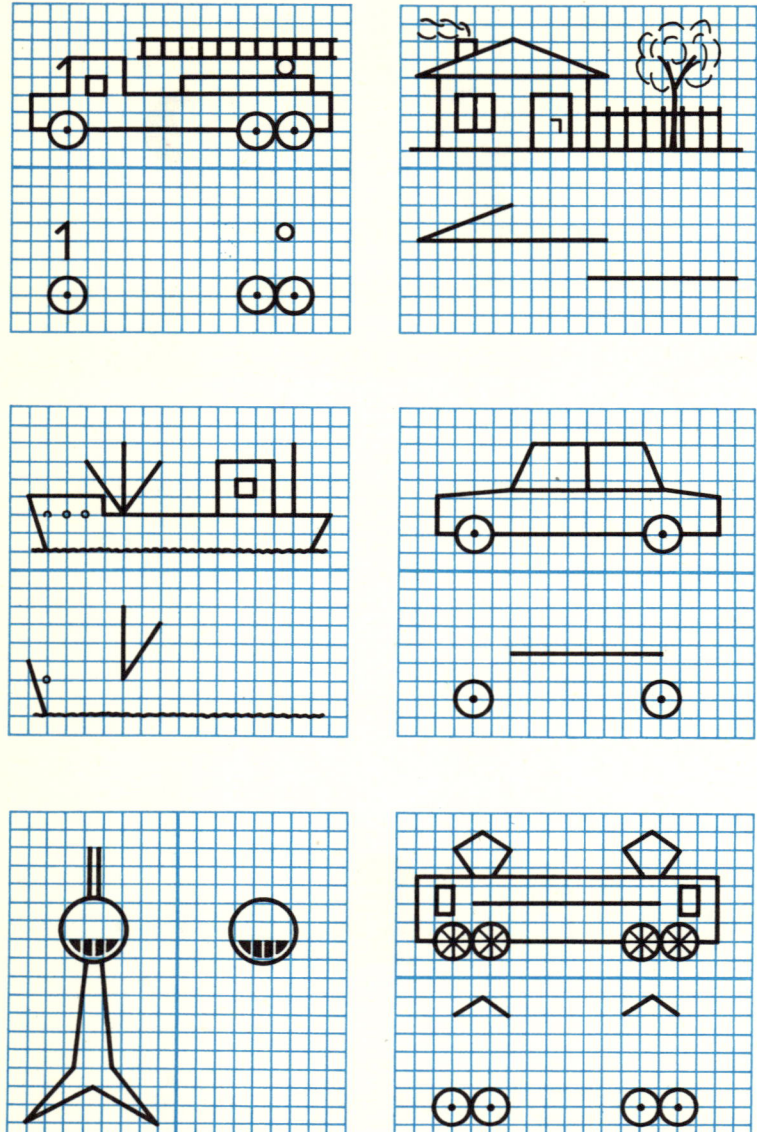

1. Wieviel Mauerziegel werden noch benötigt, um die Wand hoch-
zumauern?

2. a) Zeichne eine Gerade h, die parallel zu der Geraden g ver-
läuft und durch den Punkt A geht!
  b) Zeichne durch die Punkte B und C Geraden b und c, die senkrecht auf der Geraden g stehen!

3. Drehe das Buch um, und betrachte erneut die Figuren!
Was stellst du fest?

4. Beim Verlegen von 16 Fliesen kann man verschiedene rechteckige Muster legen, z. B.

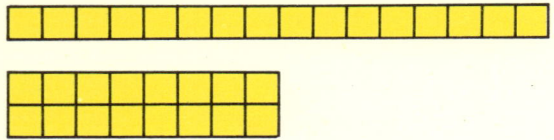

Wieviel verschiedene Rechteckmuster kann man
a) aus 12 Fliesen, **b)** aus 13 Fliesen, **c)** aus 14 Fliesen legen?

5. Welche beiden Bälle passen genau in die beiden Schachteln?

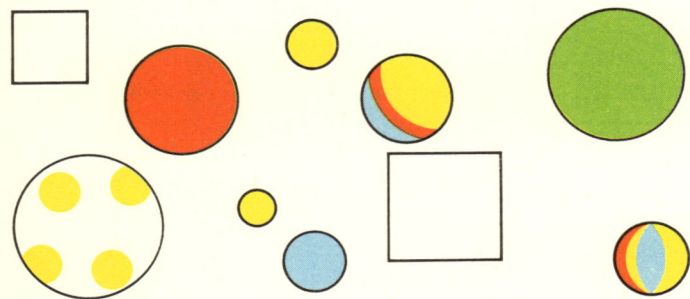

6. Zeichne ein Rechteck, und halbiere seine Fläche!
Welche verschiedenen Figuren können dabei entstehen?

7. Bezeichne die Eckpunkte des Dreiecks mit A, B, C, des Rechtecks mit D, E, F, G und des Parallelogramms mit K, L, M, N, und miß die Längen der entstandenen Strecken!

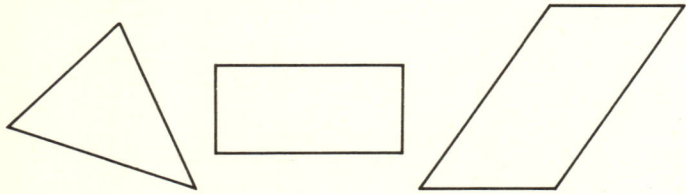

8. Zeichne 3 Geraden so, daß
a) 0 Schnittpunkte entstehen, **b)** 1 Schnittpunkt entsteht,
c) 2 Schnittpunkte entstehen und **d)** 3 Schnittpunkte entstehen!

Mach's mal nach!

Fertige dir diese beiden Figuren aus Pappe an! Dann zerschneide sie, wie es in den beiden Bildern zu sehen ist! Nun versuche, sie wieder zu einem Fünfeck und zu einem F zusammenzusetzen! Aber: So einfach ist das nicht.

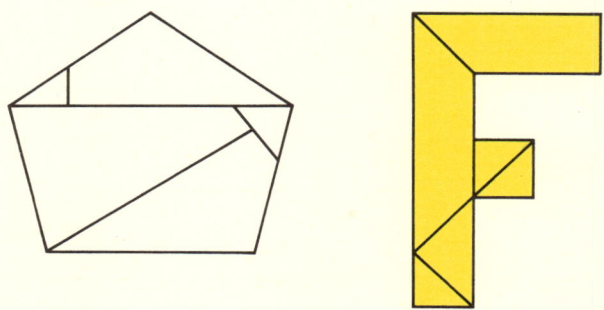

Rätsel

Vom Wort ZEHN sollst du zum Wort RAUM kommen. Du darfst jeweils nur einen Buchstaben des voranstehenden Wortes verändern.

Logisch

Suche aus den 4 auf jedem Bild dargestellten Teilen dasjenige heraus, das nicht zu den anderen gehört!

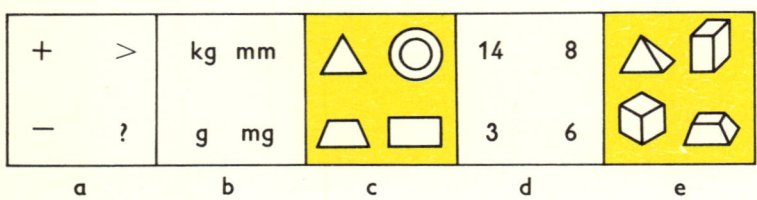

a   b   c   d   e

1. Der sechsjährige Karsten soll nachts 11 Stunden schlafen. Wann muß er am Abend ins Bett gehen, wenn er um 6 Uhr geweckt wird?

2. Ein Dreigespann von Pferden (genannt Troika) lief in einer Stunde 12 km. Wieviel km lief ein Pferd in einer Stunde?

3. Eine über 2 000 Jahre alte chinesische Aufgabe lautet:
Auf dem Panzer einer Schildkröte siehst du ein magisches Quadrat. Setze die Zahlen 1 bis 9 so ein, daß waagerecht, senkrecht und diagonal jeweils die Summe 15 erscheint!

4. In einer Klasse können 20 Schüler radfahren. 8 Schüler können schwimmen und radfahren. Wieviel Schüler der Klasse können radfahren, aber nicht schwimmen?

5. Denke dir eine Zahl zwischen 0 und 10! Verdopple sie! Addiere zu dem Ergebnis 3! Multipliziere die erhaltene Zahl mit 4, und subtrahiere vom Produkt 12! Dividiere das Ergebnis durch die gedachte Zahl! Das Ergebnis heißt stets 8.
Mache die Probe!

6. Betrachte das Bild und überlege, wie die Figuren 3 und 7 aussehen müssen!

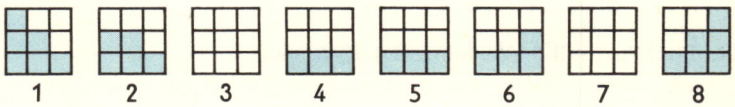

1   2   3   4   5   6   7   8

7. Fünf Freunde wohnen in diesen Häusern. Helmut und Monika haben jeder nur einen Nachbarn. Luise ist zwischen Hans und Helga zu Hause. Dagegen wohnen Hans und Helmut nicht nebeneinander. Helgas Hausnummer ist niedriger als Monikas.
Wer wohnt in welchem Haus?

8. Mit P ein Wert der Ware, mit G zählt's viele Jahre, mit K hat's niemals Spitzen, Ecken — nun such die Lösung zu entdecken!

9. Zwei Väter und zwei Söhne verlassen eine Stadt. Diese Stadt hat dadurch drei Einwohner weniger als zuvor.
Wie ist das möglich?

10. Zeichne die Strichmännchen in der Reihenfolge weiter, wie es angegeben ist! Wie sieht jeweils das 13. und wie das 20. Strichmännchen aus?

a)
```
1 2 3 4 5
```

b)
```
1   2   3   4   5   6
```

11. Von den folgenden 9 Zahlen sind 5 zu streichen, so daß die Summe der übrigen Zahlen 20 beträgt.
2, 2, 2, 5, 5, 5, 8, 8, 8

12. Ein Wurf mit 3 Würfeln zeigt 13 Augen.
Gib alle Möglichkeiten für die Augenzahl 13 mit 3 Würfeln an!

94

Erik soll eine Wäscheleine ziehen. Zwischen den 5 Wäschepfählen
sollen 8 Stränge gezogen werden.
Wie würdest du vorgehen?

Das ist die Silhouette einer Stadt. Die sechs Ausschnitte zeigen Teile
der Abbildung. Welche sind richtig?

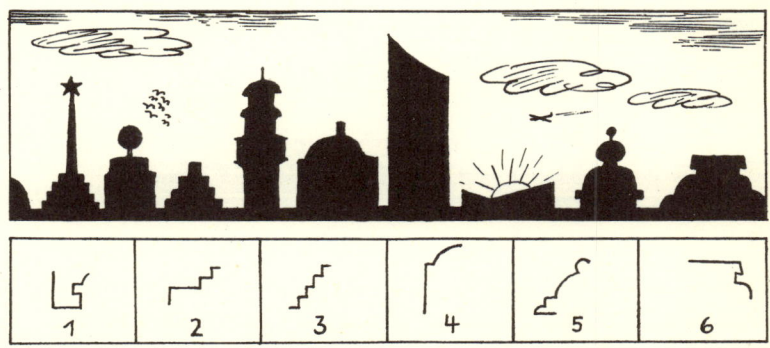

Ein Kater träumt von 13 Mäusen, die im Kreis um ihn herumtanzen. Zwölf Mäuse sind grau und eine ist weiß. Da hört der Kater eine zarte Stimme: „Lieber Kater, du darfst jede 13. Maus fressen, wenn du sie im Uhrzeigersinn im Kreis herum abzählst und als letzte Maus die weiße zum Fressen bleibt." Mit welcher Maus muß der Kater beginnen, wenn er zu einem guten Schmaus kommen will?

Bilde Dreiergruppen!
(Zum Beispiel: 28 : 7 = 4; 40 − 12 = 28; 5 · 8 = 40; . . . !)

3	2	7	5	40	28
6	8	9	4	12	27

Mathematik heiter

Ein Einwohner aus der bulgarischen Stadt des Humors — Gabrowo — kam in ein Hotel. „Wieviel kostet ein Zimmer?" fragte er. „Im ersten Stock 10 Lewa, im zweiten 8, im dritten 6 und im vierten 4 Lewa." Der Gabrowoer überlegte lange und wollte wieder gehen. „Sind Ihnen die Preise zu hoch?" „Nein, das Hotel ist zu niedrig."

1. Wer würfelt die größte Summe? Jede der sechs Flächen von zwei größeren Spielwürfeln wird mit einer der Ziffern 4, 5, 6, 7, 8 und 9 beklebt. Jeder Spieler hat einen Wurf. Er nennt „seine Gleichung", zum Beispiel $7 + 9 = 16$. Nach jeder Runde wird festgestellt, wer die größte Summe erwürfelt hat. Notiert man den Sieger jeder Runde, kann am Ende der Gesamtsieger ermittelt werden.

2. Die 9 Knöpfe bilden 8 Dreierreihen, nämlich drei waagerechte, drei senkrechte und zwei diagonale Reihen.
Die Knöpfe sind nun so anzuordnen, daß drei Viererreihen entstehen.

3. Wer von 30 Spielsteinen den letzten wegnimmt, hat gewonnen! 30 Spielsteine (Pfennige, Knöpfe, Papierscheiben, ...) werden auf den Tisch gelegt. 2 Spieler nehmen abwechselnd eine beliebige Anzahl von Steinen weg. Man darf aber höchstens 6 Steine auf einmal wegnehmen! Sieger ist derjenige, der den letzten Stein wegnimmt.

4. Schiebefax: Bastle dir ein 3 × 3-Quadrat und fertige 8 Kärtchen mit den Zahlen 1 bis 8 an! Lege diese wahllos auf das Spielfeld (Bild links)! (Allerdings: die Mitte bleibt frei.) Nun schiebe die Kärtchen so lange, bis die Zahlen in der Reihenfolge: 1, 2, 3 ..., 7, 8 zu liegen kommen!

 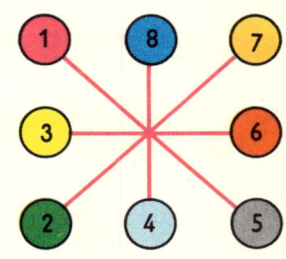

Das Bild rechts zeigt eine vereinfachte Form des Schiebefax.

5. Die gute Sieben: Jeder Spieler bekommt acht Hölzchen, Knöpfe oder ähnliches und ein Blatt Papier. Darauf zeichnet er zwölf gleichgroße Quadrate und numeriert sie. Nun wird reihum mit zwei Würfeln gespielt. Hat jemand zum Beispiel eine Vier gewürfelt, so darf er eines seiner Hölzchen in das entsprechende Quadrat legen. Befindet sich schon eins darin, so darf nicht nur kein neues dazugelegt, sondern muß auch das bereits dort liegende weggenommen werden. Wer jedoch eine Sieben würfelt, kann in einem beliebigen Quadrat ein Hölzchen ablegen. Sieger ist, wer als erster alle seine Hölzchen untergebracht hat.

6. Jeder der zwei Spieler erhält zwei gleiche Steine. Sie werden abwechselnd gesetzt. Beim Ziehen versuchen die beiden Spieler, ihre Steine so in Stellung zu bringen, daß der andere seine Steine nicht mehr bewegen kann. — Auf unserer Zeichnung kann der Spieler mit den dreieckigen Steinen nicht mehr weiter. Versucht es auch einmal!

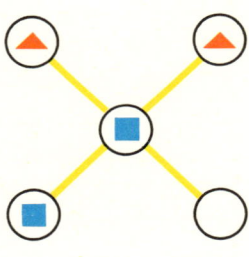

7. Auf welchen Parkplatz darf das Auto? Auf kleine Rechtecke aus Pappe oder Zeichenpapier wird je eine der folgenden — oft falsch gelösten — Aufgaben geschrieben:
16 — 9, 15 — 8, 13 — 8, 17 — 9, 14 — 7, 14 — 9, 11 — 6, 13 — 6, . . .
8 + 9, 5 + 9, 8 + 7, 7 + 6, 8 + 6, 6 + 9, 7 + 8, 4 + 9, . . .
Die Rechtecke werden wie bei einem Parkplatz angeordnet. Kleine Spielzeugautos erhalten Nummern, zum Beispiel:

Auf welche „Parkplätze" dürfen sie? (Als „Beweis" muß die Gleichung genannt werden.)

Eine 200 Jahre alte Aufgabe: Auf einer alten Burg haben 5 Wachposten 5 Pulvertürme zu bewachen. Die Posten haben ihren Stand-
ort in den Schilderhäuschen und machen von Zeit zu Zeit die Runde.
Jeder geht zu dem Turm, dessen Nummer mit der Nummer seines
Standortes übereinstimmt. Dabei sollen sich aber keine der Wege
kreuzen. Wie müssen die Wachposten gehen?

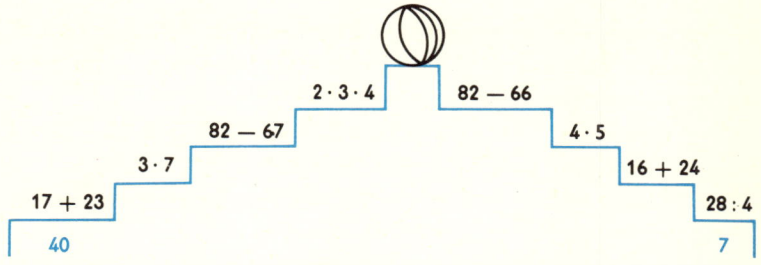

Zwei Spieler lösen die auf den Treppen gestellten Aufgaben und
schreiben das Ergebnis jeweils darunter.
Wer zuerst fertig ist, darf den Ball bunt ausmalen.

> ### Mathematik heiter
>
> „Kann mir einer sieben Tiere nennen, die am Nordpol leben?"
> „Ja, ich! Drei Robben und vier Eisbären!"

Wer ist der Schnellste?

Addiere oder subtrahiere, bis eine Zahl mit gleichen Ziffern erscheint!

s	$= 74 + 37 + 37 + \ldots$
c	$= 141 + 69 + 69 + \ldots$
h	$= 6054 + 789 + 789 + \ldots$
n	$491 - 76 - 76 - \ldots$
e	$= 1240 - 287 - 287 - \ldots$
l	$= 56 + 49 - 58 + 49 - 58 + \ldots - \ldots$
l	$= 153 - 74 + 97 - 74 + 97 - \ldots + \ldots$
e	$= 1245 + 796 - 837 + 796 - 837 + \ldots - \ldots$
r	$= 19 + 9 + 8 + 7 - 6 - 5 - 4 + 9 + 8 + 7 - 6 - 5 - 4 + \ldots$

1. Rechne sicher!

r	= 376 − 299
e	= 418 + 217 + 304
c	= 3200 : 8
h	= 175 · 5
n	= 96 − 4 · 9 + 40
e	= 72 : 8 + 91 − 100

s	= 12 · 7 + 96
i	= 12 · (3 + 7)
c	= 12 + 3 · 7
h	= 8 · 9 − 7 · 6
e	= 2 · 9 · 5 · 2
r	= 12 : 6 · 0

2. Eine unterhaltsame Knobelaufgabe aus dem Jahre 1830:
Wie schreibt man mit Ziffern: Zwölf Tausend zwölf Hundert und zwölf?

3. Wieviel Jahre sind 1984 vergangen, seit
a) der Erfindung der Dampfmaschine (1764);
b) der Erfindung des Benzinmotors (1877);
c) der Erfindung der drahtlosen Telegrafie (1895);
d) der ersten Atomkernspaltung (1938);
e) dem ersten Weltraumflug eines Menschen (1961);
f) dem ersten Fahrrad der heutigen Form (1879)?

4. Noch eine Aufgabe aus dem Jahre 1830:
Auf der Wiese saß Dein Mühmchen
Und pflückte da Blümchen.

      1 für Lorchen,
      2 für Dorchen,
      4 für Riekchen,
      8 für Fiekchen,
   16 für Pinchen,
   32 für Minchen,
   64 für Dich,
128 für sich.
Sag' mir schnell,
wieviel Blümchen
pflückte dein Mühmchen?

5. Fülle die Tabelle aus!

e	c	2e + c	(e − c) · 2	e · c	e : c	27 − e
16	4					
25	5					
	1	9				

6. Rechne um!

Einheit	nächstklei-nere Einheit	Einheit	nächsthöhere Einheit
3 kg	3 000 g		4 000 m
22 cm			1 700 g
6 min			180 s
1 h			48 h

7. Die Bilder zeigen verschiedene Armbanduhren.
Zeichne die fehlenden Zeiger und die fehlenden Ziffern ein!

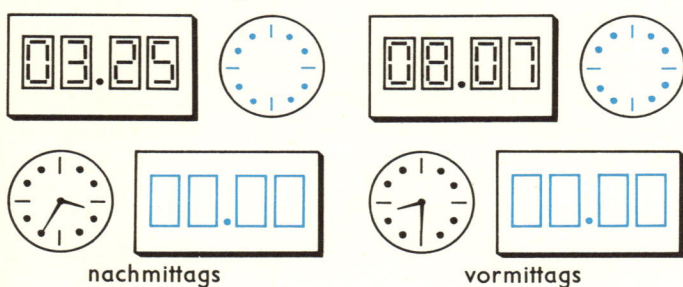

nachmittags   vormittags

8. a) Vervollständige die Ziffern von 0 bis 9!

b) Zeichne die Zeitangabe so, wie man sie bei einer Digital-
anzeige sehen würde!

2.39 Uhr   13.17 Uhr   7 h 6 min 35 s

102

Zahlwörter

Wieviel Zahlwörter stecken in dem Satz:
Ein Seehund reißt ganz weit das Maul auf, zeigt die Zähne und sagt:
„Gute Nacht"!?

Suche!

Jeweils drei der Zahlen 6, 4, 3 und 2 sind so in die acht Reihen einzusetzen, daß richtig gelöste Aufgaben entstehen.

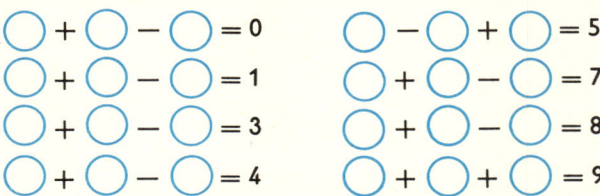

$$\bigcirc + \bigcirc - \bigcirc = 0 \qquad \bigcirc - \bigcirc + \bigcirc = 5$$
$$\bigcirc + \bigcirc - \bigcirc = 1 \qquad \bigcirc + \bigcirc - \bigcirc = 7$$
$$\bigcirc + \bigcirc - \bigcirc = 3 \qquad \bigcirc + \bigcirc - \bigcirc = 8$$
$$\bigcirc + \bigcirc - \bigcirc = 4 \qquad \bigcirc + \bigcirc + \bigcirc = 9$$

Quadrate

Suche im rechten Bild drei kleine Quadrate (2 mal 2 Felder), deren
Summe 13 beträgt, und außerdem ein magisches Quadrat (3 mal 3
Felder), dessen Summe waagerecht, senkrecht und diagonal 15 be-
trägt!

5	2	8	1	6	5	3	1
1	4	3	5	7	1	6	4
8	3	4	9	2	2	3	2
2	4	3	1	5	8	2	6
7	1	5	8	2	3	5	1
5	2	7	5	1	9	1	4
1	9	1	2	5	4	6	3
3	2	4	5	2	3	5	1

4	·		—		=	6
·		+		+		
	·		—		=	7
—		—		—		
	+		+		=	4
=		=		=		
7		6		8		

Setze im linken Bild einstellige Zahlen so in die leeren Felder ein,
daß sowohl waagerecht als auch senkrecht richtig gelöste Aufgaben entstehen!

Ein Tourist will durch den Park gehen, ohne einen Weg zu kreuzen oder zweimal zu benutzen. Wie muß er laufen?

Ein Indianer und ein Lama sind versteckt. Wo findet man sie?

1. Ein Kleinbus der Linie Athen — Larissa fährt mit 5 Fahrgästen. Wieviel Drachmen (griechische Währungseinheit) kassiert der Fahrer, wenn der Fahrpreis für eine Person 72 Drachmen beträgt?

2. Bestimme die Größe der einzelnen Flächen, und ordne sie der Größe nach!

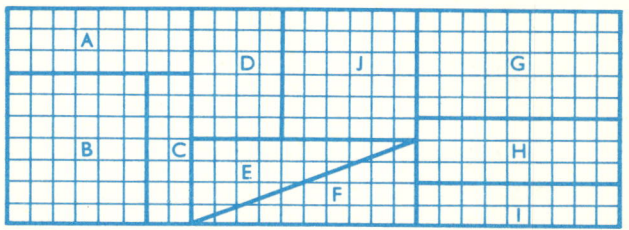

3. a) Wie lange dauert es noch, bis der Expreßzug nach Wien abfährt?

b) Wie lange dauert es bis zur Abfahrt der anderen Züge?

c) Wie lange dauert es bis zur Ankunft des Personenzuges aus Salzburg?

d) Durch ein Unwetter hat der Zug aus Graz 45 Minuten Verspätung.
Um welche Zeit ist mit der Ankunft zu rechnen?

4. Beobachtungen haben ergeben, daß Känguruhs im Durchschnitt 60 km pro Stunde für längere Zeit laufen können.
Wie lange brauchen sie z. B., um bei großer Trockenheit eine 150 km entfernte Wasserstelle zu erreichen?

5. Herr Krause will eine Längsseite und eine Breitseite seines rechteckigen Grundstückes, auf dem sein Wochenendhäuschen steht, mit Hainbuchen begrenzen. Das Rechteck ist 16 m lang und 12 m breit. Arbeiter der Baumschule Immergrün setzen alle 2 Meter 4 Pflanzen. Wie viele Setzlinge werden benötigt?

6. Astri und Atle gehen mit ihren Eltern einkaufen. Sie kaufen gemeinsam: Ein Paar Ski mit Skistöcken, ein Paar Langlaufschuhe, ein Paar Eiskunstlaufschuhe, zwei Paar Abfahrtstiefel und einen Transportschlitten. Wieviel Kronen (schwedische Währungseinheit) kostet diese Winterausrüstung?

Ornamente

Vervollständige dieses Ornament!

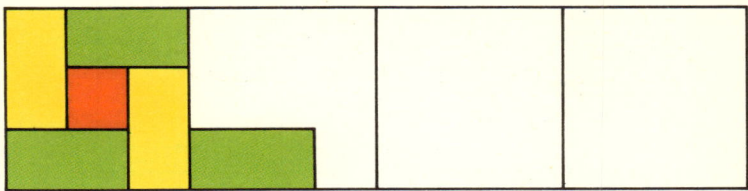

Begriffe

Vor die folgenden Bruchstücke von Worten ist jeweils das Zahlwort für eine natürliche Zahl zu setzen, so daß sinnvolle Begriffe entstehen. Wenn nun a die Summe der unter A eingefügten, b die Summe der unter B eingefügten Zahlen ist, was ergibt dann die Differenz a—b?

A: ...füßler, ...fingerdarm, ...schläfer, ...zack, ...baum,

...bahnstraße, ...klang

B: ...meilenstiefel, ...schönchen, ...sprung, ...meter,

...tagsfliege, ...käsehoch

Kreuzzahlrätsel

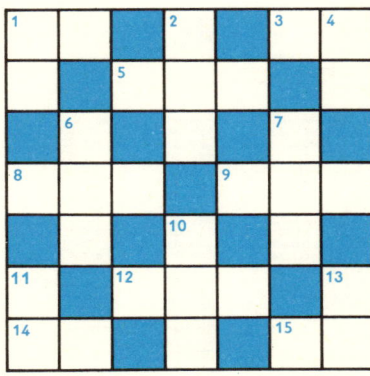

Waagerecht: (1) 4 · 7;
(3) 80 — 8 · 6; (5) 670 — 181;
(8) 550 — 258; (9) 286 + 175;
(12) 412 — 213; (14) 2 · 2 · 2 · 2;
(15) 8 · 5
Senkrecht: (1) 4 · 6;
(2) 153 + 127; (4) 3 · 3 · 3;
(6) 99 + 99; (7) 511 — 142;
(10) 253 — 54; (11) 7 · 3;
(13) 210 : 7

Zeichne die Spiegelbilder!

108

1. Stelle dir einen Turm vor, der aus würfelförmigen Bausteinen besteht! Er steht auf dem Tisch. Es sind 25 Quadrate von allen Seiten und von oben zu sehen. Aus wieviel Würfeln besteht der Turm?

2. Beschreibe die folgende Figur!
Verwende unter anderem die Fachwörter:
„. . . liegt auf . . .“, „. . . geht durch . . .“, „. . . ist parallel zu . . .“,
„. . . liegt zwischen . . . und . . .“, „. . . liegt nicht auf . . .“,
„. . . ist nicht parallel zu . . .“, „. . . geht nicht durch . . .“.

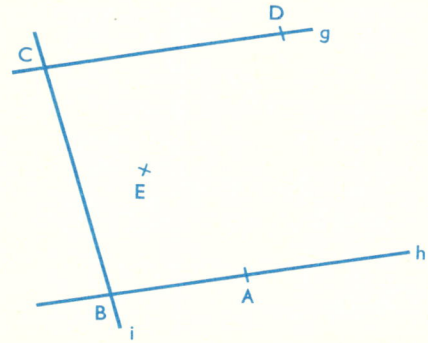

3. Vergleiche die roten mit den gelben Flächen!
Was stellst du fest?

4. Zeichne zwei parallele Geraden! Lege auf einer Geraden eine Strecke $\overline{AB}$ fest und auf der zweiten Geraden eine ebenso lange Strecke $\overline{CD}$! Vervollständige die Zeichnung so, daß ein Parallelogramm entsteht!

5. In der Zeichnung befinden sich die Linien g und h sowie die Punkte A, B, C, D, E, F, G und H.

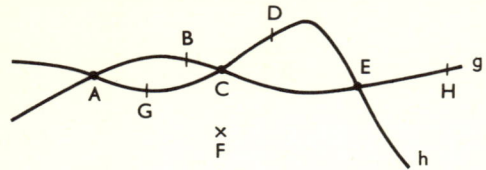

Gib die Menge aller gekennzeichneten Punkte an, die
    a) auf g liegen,   **c)** auf g und h liegen,
    b) auf h liegen,   **d)** weder auf g noch auf h liegen!

6. Geometrie–Diktat:
    a) Zeichne eine Gerade t!
    b) Lege zwei Punkte R und S fest, die nicht auf t liegen!
    c) Gib zwei Punkte E und F an, die auf t liegen!
    d) Zeichne eine Gerade s, die durch R geht und t schneidet!
    e) Zeichne eine Gerade u, die durch F geht!

7. a) Wie viele Würfel sind hier aufgebaut?
    b) Wie viele Würfel müssen noch eingefügt werden, damit der Quader vollständig ist?

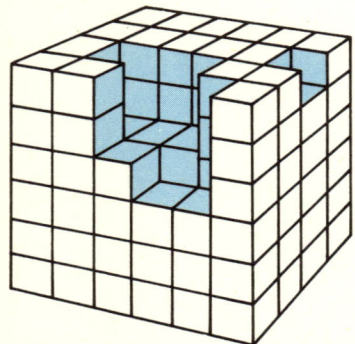

8. Zeichne eine Gerade a und eine Gerade b, die die Gerade a senkrecht schneidet! Den Schnittpunkt bezeichne mit M! Nun zeichne um M einen Kreis mit dem Radius 2 cm! Es entstehen vier Schnittpunkte. Um diese Schnittpunkte zeichne ebenfalls je einen Kreis mit einem Radius von 2 cm!

Gelangt der Käfer zur Blume, wenn er weiter auf dem Band entlang spaziert, oder endet sein Weg auf der Rückseite des Bandes?

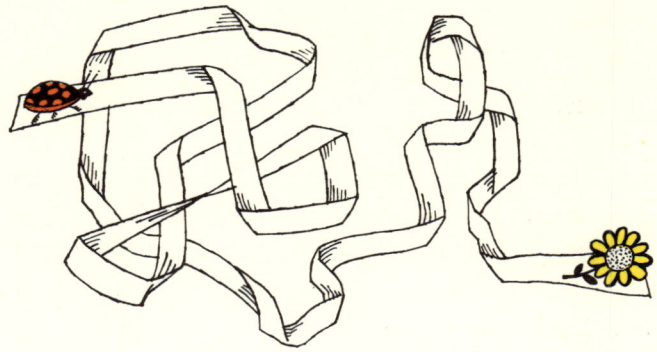

Hier sind nur zwei Geraden parallel. Findest du sie?

Gib jeweils an, aus welchen drei Teilfiguren man die Ausgangsfigur zusammensetzen kann!

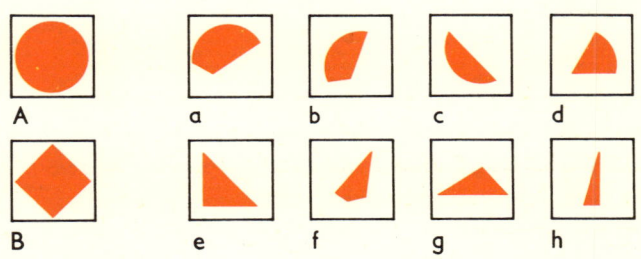

Suche!

Der Vierte im Bunde fehlt. Wer ist es, und wo hat er sich versteckt?

Quadrate

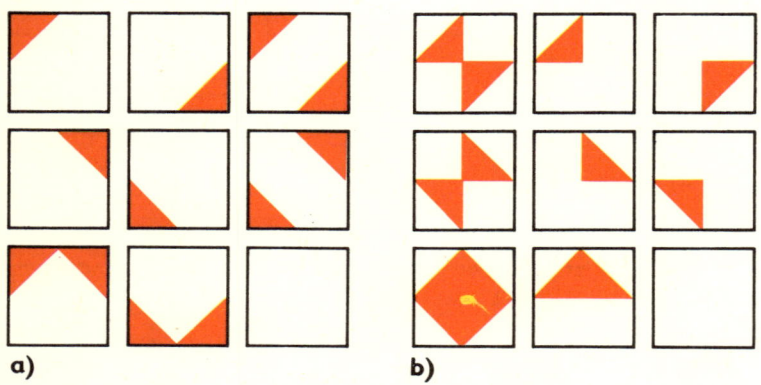

a) b)

Setze die passenden Zeichen in die leeren Quadrate!

Zeit

Sabine, Silvia und Anne benötigen vom Bahnhof zur Schule zwölf
Minuten, wenn sie jeweils allein gehen.
Wieviel Minuten benötigen sie, wenn sie gemeinsam gehen?

112

1. Auf einem schmalen Bergpfad treffen sich vier Wanderer, zwei kommen von links, zwei von rechts. Es gibt nur eine Stelle, an der jeweils einer der vier ausweichen kann.
Wie kommen sie so aneinander vorbei, daß jeder von ihnen seine Wanderung in gewünschter Richtung fortsetzen kann?

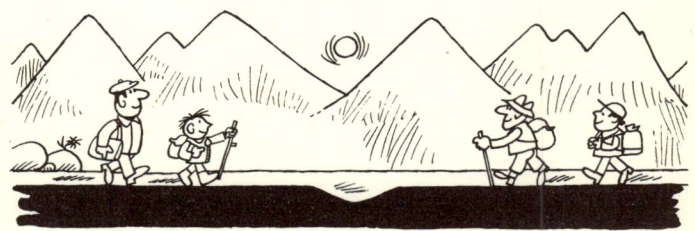

2. Von drei Ringen, die äußerlich gleich aussehen, möge ein Ring schwerer sein als die beiden anderen.
Wie findet man diesen mit Hilfe einer einzigen Wägung auf einer gewöhnlichen doppelschaligen Waage?

3. Im Mathematikkabinett haben sich von dieser Anschauungstafel einige Buchstaben gelöst. Klebe sie an die richtige Stelle!

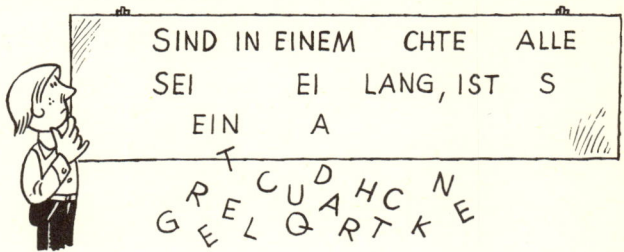

4. Vier Mädchen sollen sich in einer Sportgruppe der Größe nach aufstellen. Es ist bekannt: Anne ist kleiner als Britta, Doris ist kleiner als Christa, Britta ist kleiner als Doris, und Christa ist größer als Anne.
In welcher Reihenfolge müssen sich die Schülerinnen aufstellen?

5. Betrachte gründlich die auf dem linken Bild zu sehenden drei farbigen Kannen! Decke sie dann ab! Suche nun die gleichen unter den 14 Kannen auf dem rechten Bild!

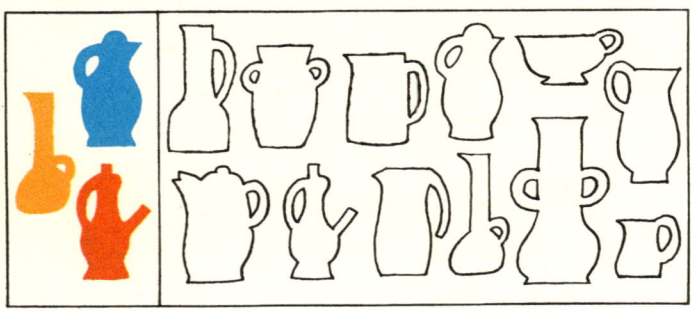

6. Als eine Wandergruppe über ihre in den letzten Jahren durchgeführten Ferienreisen berichtet, stellt sich folgendes heraus: 13 Mitglieder dieser Gruppe waren schon einmal an der Ostsee, 15 Mitglieder waren schon einmal im Harz, 6 Mitglieder waren schon einmal an der Ostsee und im Harz, 4 Mitglieder waren bisher weder an der Ostsee noch im Harz.
Ermittle die Anzahl aller Mitglieder, die dieser Gruppe angehören!

7. Achtmal die 4 eingesetzt, soll die Summe 500 ergeben!

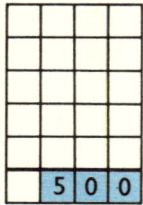

8. Katrin, Bärbel und Irmgard sind im Alter jeweils ein Jahr auseinander. Katrin ist die Älteste, Irmgard die Jüngste. Insgesamt sind sie 27 Jahre alt. Wie alt ist Bärbel?

9. Kann man, wenn es um Mitternacht regnet, 96 Stunden später sonniges Wetter erwarten?

Was soll bloß mal aus dem werden?

In diesem Bild gibt es eine bestimmte Form der Anordnung.
Finde sie und fülle die leeren Felder!

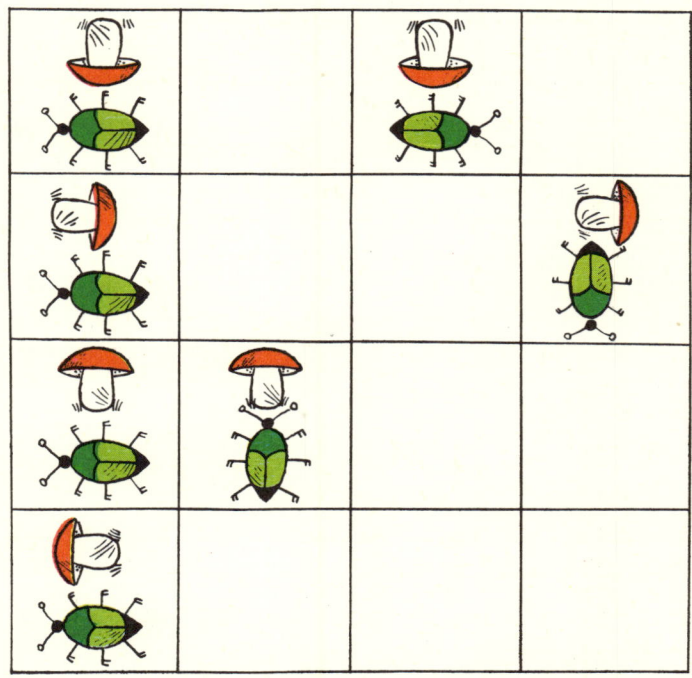

Hasen

Die Hasen 1, 2, 3 und 4 möchten gern zu den Kohlköpfen hüpfen.
So einfach ist das nicht, denn die 3 Jäger passen auf und wollen sie
erlegen. Diese Stellen müssen die Hasen also meiden.
Bedingung: Jeder Hase muß mindestens 3 Sprünge machen.
Gesprungen wird waagerecht oder senkrecht, dabei wird immer
ein Feld übersprungen. Ein einmal von einem Hasen berührtes Feld
darf nicht mehr betreten werden. Wie können die Hasen hüpfen?

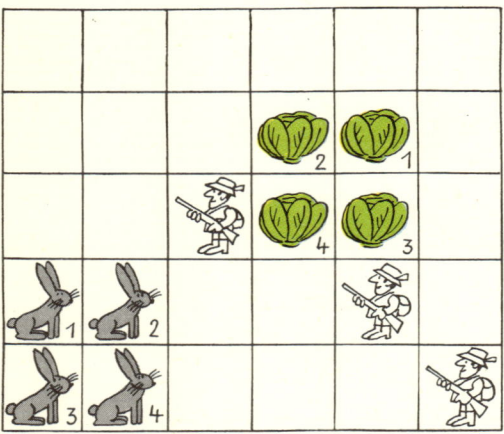

Hölzchen

Aus 10 parallel nebeneinander liegenden Hölzchen sollen durch
nacheinanderfolgendes Umlegen von 5 Hölzchen 5 gekreuzte Hölz-
chenpaare gebildet werden.
Bedingung ist, daß stets nur zwei Hölzchen übersprungen werden
dürfen, wobei ein schon fertig gelegtes Paar natürlich auch als zwei
Hölzchen zählt.

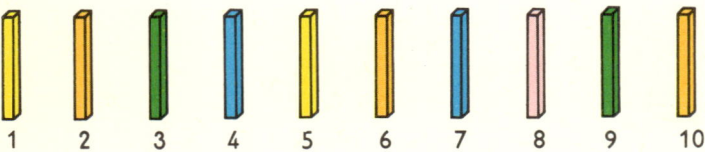

1. Übertrage die vier vorgegebenen Figuren auf ein Stück Transparentpapier und schneide sie aus! Es ist möglich, aus den vier Figuren ein Quadrat zu legen. Man kann aber auch aus ihnen ein gleichseitiges Dreieck zusammensetzen. Probiere es!

2. Rechts liegen drei schwarze Knöpfe, links liegen drei weiße Knöpfe, und ganz links ist ein freies Feld. Nun sollen die schwarzen und die weißen Knöpfe durch Ziehen oder Springen die Plätze tauschen. Das freie Feld ist dann ganz rechts. In einem Sprung dürfen ein, zwei oder drei Knöpfe überquert werden, wenn dahinter das freie Feld ist. Wieviel Sprünge sind nötig?

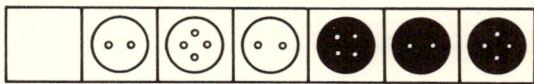

3. Aus den vier Papierschlangen ist durch Aufschneiden von weniger als vier Papierringen und Wiederzusammenkleben eine geschlossene Kette herzustellen! Dabei sind alle Ringe zu verwenden!

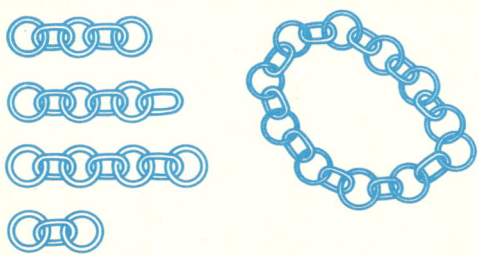

4. Übertrage die 5 Abschnitte auf Transparentpapier und lege sie so zu einem 5 × 5-Quadrat zusammen, daß waagerecht und senkrecht die Summe der Zahlen stets 85 beträgt!

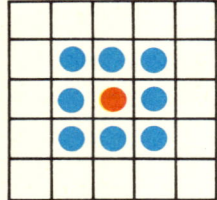

5	12	19
11	18	20

21	28
27	9

17	24
23	25
29	

8	10
14	16
15	22

26
7

6	13

5. Auf ein Blatt Papier zeichnet ihr das Spielfeld auf. Halmasteine werden innerhalb der Spielfelder bewegt und können nach rechts, links oder diagonal springen. Jeder übersprungene Stein wird aus dem Spiel genommen. Dabei könnt ihr sowohl mit dem roten als auch mit den blauen Steinen springen. Lediglich der rote darf nicht übersprungen werden. Er soll am Schluß allein übrigbleiben. Alle Achtung dem, der es mit 8 Zügen schafft!

6. An den Wänden einer Festung mit quadratischem Grundriß sollen 16 Wachposten aufgestellt werden. Der Kommandant verteilte sie so, daß an jeder Seite 5 Wachposten standen (Bild links).

Er hätte seine Soldaten auch so aufstellen können, daß sich auf jeder Seite 6, ja sogar 7 Soldaten befanden.
Hilf ihm dabei!

Verschiebe die Blümchen so in die nächstgelegenen Felder, daß sich in jeder Reihe und in jeder Spalte je drei unterschiedliche Blümchen befinden! Die Blümchen können sowohl waagerecht, senkrecht als auch diagonal bewegt werden.

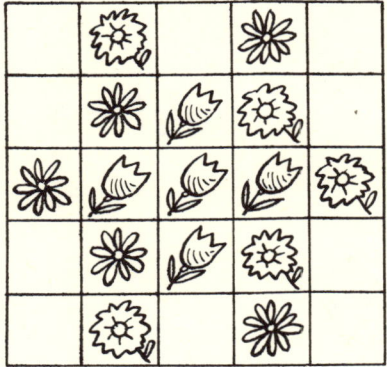

Einheiten—
Domino

Mindestens 36 Kärtchen werden mit Einheiten der Länge, der Zeit und der Masse beschriftet (siehe Bild).
Vier bis sechs Mitspieler erhalten die gleiche Anzahl Kärtchen. Wie beim Domino werden reihum passende Kärtchen angelegt.

Mathematik heiter

Auf dem Heimweg erzählt Frank seinem Freund, daß er von einer 12 m hohen Leiter gefallen sei. Jochen staunt: „Und da hast du dich nicht verletzt?" fragt er . „Nein, ich stand doch auf der ersten Sprosse."

Stimmt's?

Setze auf der linken Seite Rechenzeichen derart, daß wahre Aussagen in Form von Gleichungen entstehen! (Nebeneinanderstehende Ziffern dürfen als eine Zahl betrachtet, doch die Reihenfolge darf nicht geändert werden. Du darfst auch Klammern verwenden.)

```
1 2                     =  3
1 2 3                   =  4
1 2 3 4                 =  5
1 2 3 4 5               =  6
1 2 3 4 5 6             =  7
1 2 3 4 5 6 7           =  8
1 2 3 4 5 6 7 8         =  9
1 2 3 4 5 6 7 8 9  =  10
```

Läuferlauf

Läßt man den Läufer nach den Regeln des Schachspiels so über die abgebildete Figur gleiten, daß alle Silben nacheinander erfaßt werden, so erhält man für eine mögliche Folge einen Ausspruch, an den man beim Knobeln von kniffligen Aufgaben denken sollte.

	mel		mei		fal		es
him		ster		kein		ist	
	vom		ge		noch		len

1. Sicher und schnell rechnen!

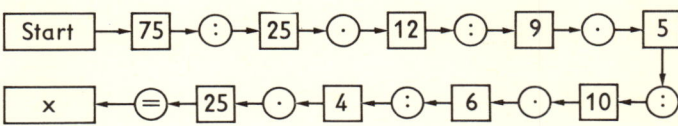

2. Rechne!

a + 1					1 001
a	2	12			
a — 2				45 678	
a : 2			100		

3. Ermittle die kleinste und die größte natürliche Zahl, die die Ungleichung

38 908 < x < 39 999

erfüllen!

4. Bei den sechs Gleichungen sind für die Buchstaben m, a, t, h, e natürliche Zahlen so einzusetzen, daß wahre Aussagen entstehen. Dabei bedeuten gleiche Buchstaben gleiche Zahlen.

h   = 280 : 7   a = t + e
160 = e + 40   m = a : 40
t   = 4 · h   m + a + t + h + e = 607

5. Von den angeführten Ergebnissen ist jeweils eines richtig. Finde es heraus, ohne die Addition, Subtraktion, Multiplikation oder Division selbst durchzuführen!

a) 499 + 389   (8 880; 888; 678; 8 888)
b) 12 800 — 3 600   (920; 92 000; 9 200; 5 200)
c) 333 · 44   (14 652; 1 452; 12 602; 14 650)
d) 5 600 : 20   (560; 56; 280; 28)

6. Zu dem Quotienten aus 360 und 2 ist das Produkt aus 120 und 3 zu addieren.

7. Eine Landstraße soll erneuert werden. Die Straße ist 1 km lang, die Hälfte ist bereits fertig. An einem Tag schafft der Bautrupp 100 m.
Wie lange benötigt er, um die Straße fertigzustellen?

8. In einem Tanklager befinden sich 45 000 l Öl. Täglich werden 8 500 l ausgeliefert.
Du sollst entscheiden, ob der Vorrat für 5 Tage reicht.
Rechne!

9. In einer Großbäckerei ist die Auslieferung von Brötchen täglich unterschiedlich. Von Montag bis Donnerstag werden täglich 82 000 Brötchen, am Freitag 110 000 und am Sonnabend 98 000 Brötchen geliefert.
Wie hoch ist die Wochenproduktion dieses Betriebes?

10. Erst rechnen, dann staunen!

e	$= 143 \cdot 37 \cdot 21$
l	$= 54\,439 : 7$
e	$= 275\,528 : 62$
g	$= (379 + 888) - (477 + 124)$
a	$= (27\,311 - 22\,511) : (13\,010 - 12\,210)$
n	$= (2\,997 \cdot 729) : (81 \cdot 81)$
t	$= 41^2 + 43^2 + 45^2$

11. Im Rahmen eines Sportfestes sind drei Handballspiele angesetzt. Jedes Spiel dauert zweimal 20 Minuten mit einer Halbzeitpause von 10 Minuten. Zwischen den Spielen dieses Turniers liegen jeweils 15 Minuten Pause. Um 14 Uhr beginnt das erste Spiel. Wann endet das letzte Spiel?

Wandert, Freunde, von der Startzahl 1 zur Zielzahl 35 — über
8 Stationen!
In der linken Figur darf man nur waagerecht oder senkrecht marschieren und muß dabei stets die einzelnen Zahlen addieren. In der
rechten Figur muß man zudem noch diagonal marschieren.

Start	1	3	9				
	.2	8	4				
	5	3	2	5	1		
			2	7	2		
			3	4	5	9	6
					7	8	3
					9	1	35	Ziel

Start	1	4	5	9	8	
	3	8	6	3	1	
	6	5	2	4	9	
	1	5	9	5	6	
	7	2	2	3	35	Ziel

Nächtlicher Spuk

„Ich träumte in sternenklarer Nacht Zigeunermusik zu hören.
Plötzlich werde ich wach und ertaste den Knopf der Nachttisch-
lampe. In Sekundenschnelle ist es hell. Doch gleich darauf geht das
Licht aus. Endlich finde ich den Knopf der Lampe wieder. Nichts!
Es bleibt dunkel. Fast verzweifelt suche ich meine unverwüstliche
Taschenlampe. Erst gestern habe ich sie benutzt. Ich taste sogar mit
dem Zeh nach ihr und reiße mir dabei einen Splitter ein."

In dieser Erzählung verbergen sich mehrere Zahlwörter. Suche sie
und addiere diese Zahlen! Welche Summe ist richtig:
230; 1 125; 1 132; 1 231 oder 1 232?

Irrgarten

Wer den Mut hat, soll es versuchen, vom Maul des Löwen bis hin
zu seinen Pfoten zu marschieren!

Augentest

In dieser Bildreihe sind die gleichen Bilder jeweils in einer anderen
Lage zu sehen.
Mehrere Bilder aber passen nicht in die Reihe.
Welche?

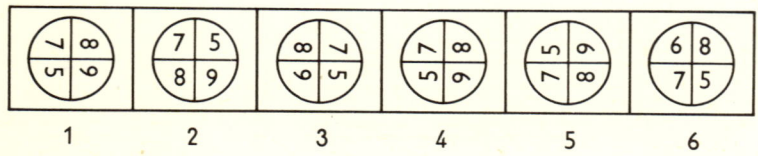

1. Ein Kind wiegt etwa 25 kg, ein Elefant etwa 3 t.
a) Wiegen 30 Kinder mehr als ein Elefant?
b) Wieviel Kinder sind etwa ebenso schwer wie ein Elefant?

2. Rechne!

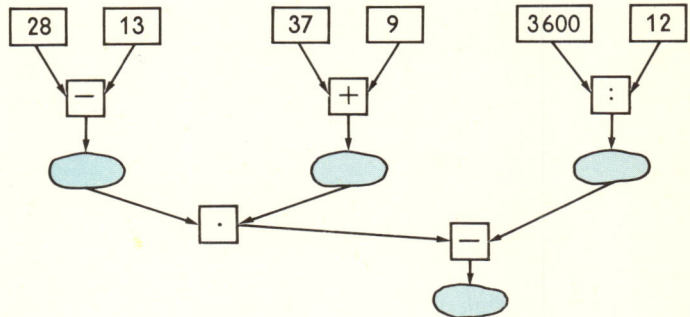

3. Ole in Stockholm ruft Kalle in Göteborg an. Das Selbstwählfern-gespräch kostet 8 Öre (schwedische Währungseinheit) für jede ganze oder angefangene Zeitspanne von 10 Sekunden. Ole spricht 1 min und 25 s.
Wieviel kostet das Gespräch?

4. Wie hoch ist der tägliche Wasserverbrauch insgesamt und der monatliche Wasserverbrauch (30 Tage) insgesamt in diesem Bauernhof?

täglicher Wasserverbrauch je Kuh: 45 l

täglicher Wasser-verbrauch: 200 l

125

5. Welche der 20 Produkte liegen über 800?
Wer findet sie am schnellsten?

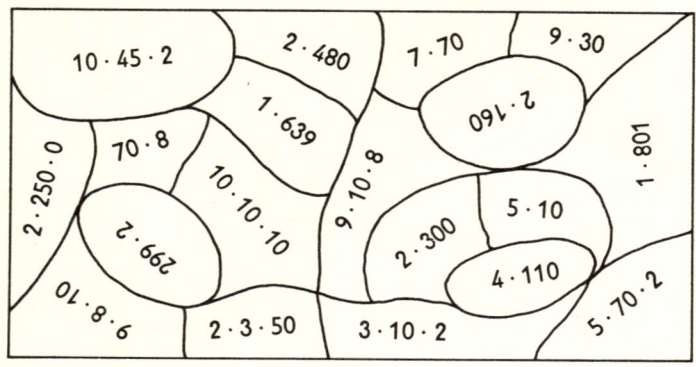

6. Von den zwei Enden einer Straße mit der Länge von einem Kilometer gehen Sally und ihre Freundin Jane aufeinander zu. Während Sally 2 m zurücklegt, geht Jane in der gleichen Zeit 3 m. Wieviel Meter ging jedes Mädchen bis zu ihrem Zusammentreffen?

7. Auf der Tribüne eines kleinen Schwimmstadions sind die Plätze in drei Blöcken angeordnet. Im Mittelblock befinden sich in jeder Reihe 34 Sitze, in den Seitenblöcken in jeder Reihe 28 Sitze. Jeder Block hat 12 Reihen. Wieviel Sitzplätze hat die Tribüne?

8. Benenne alle geometrischen Figuren, und gib ihre Anzahl an!

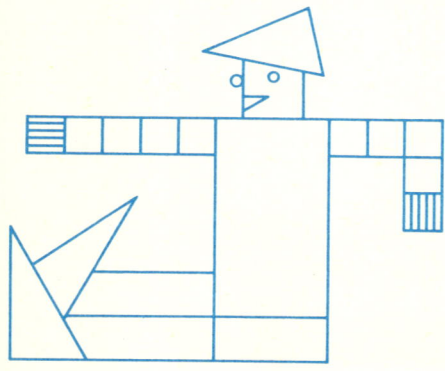

Rechne!

Löse die Aufgaben, und ordne die Silben nach der Größe der davor-
stehenden Ergebnisse! Beginne mit 1!

$100 \cdot 50 - 4\,250 - 747$	=	AUF
Die Hälfte von $27\,000 : 2\,700$	=	BEN
$318 + 277 - 594$	=	AL
$2 \cdot 3 \cdot 4 \cdot 5 : 8 - 7$	=	TIG
$(10\,152 : 9) - (33 \cdot 34)$	=	SIND
Der 3. Teil von $4\,860 : 180$	=	GE
$7 \cdot 7 \cdot 7 - 6 \cdot 6 \cdot 6 - 5 \cdot 5 \cdot 5$	=	LE
$88 + 444 - 40 + 444 - 888 - 44$	=	GA
$2 \cdot 10^3 + 6 \cdot 10^2 - 5 \cdot 10^2 - 2 \cdot 10^3 - 9 \cdot 10$	=	LÖST
Der Quotient von $700\,000 : 100\,000$	=	RICH

Was wir dir wünschen, erfährst du, wenn du alle Silben zu einem
Satz zusammengefügt hast!

Welche der Bauteile (a, b, . . ., l, m) bilden — jeweils zusammenge-setzt — einen Würfel?

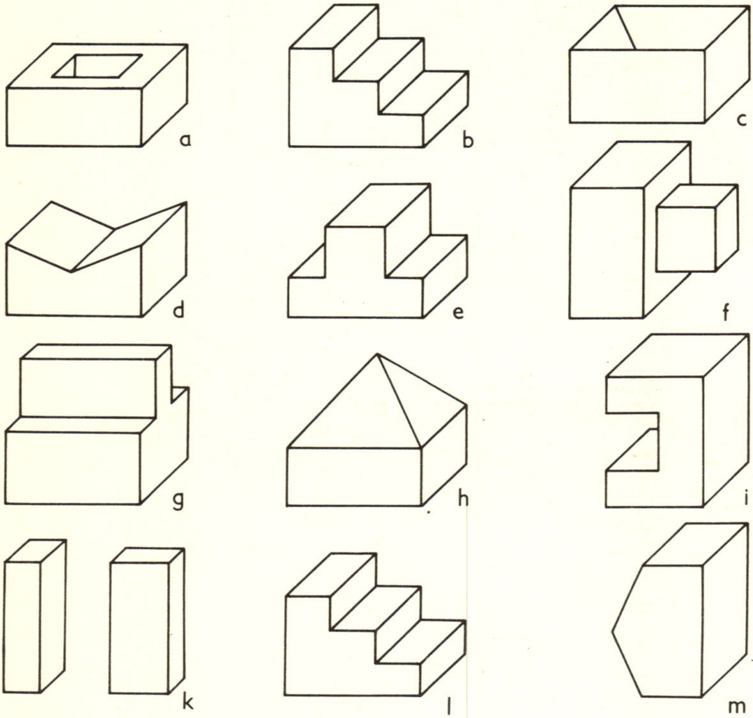

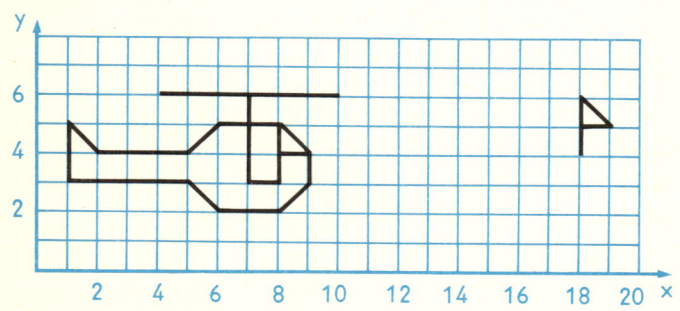

Verschiebe die Figur 10 Einheiten nach rechts und eine Einheit nach oben!

1. Aus einem Stück Draht von 160 cm Länge soll ein gleichschenkliges Dreieck gebogen werden. Die Seitenlängen sollen Vielfache von 10 cm sein. Wie viele Möglichkeiten gibt es, ein gleichschenkliges Dreieck zu biegen?

2. Spiegele diesen Streckenzug an der Geraden g!

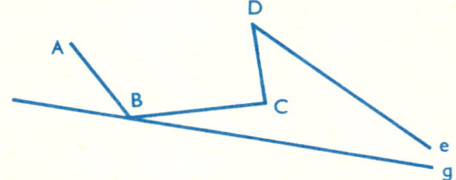

3. Der äußere Umfang eines 8 cm breiten rechteckigen Spiegelrahmens beträgt 280 cm. Welche Länge besitzt der innere Umfang dieses Rahmens?

4. Gegeben seien in einem Koordinatensystem die Punkte
A (1; 2), B (5; 2), C (5; 4) D (1; 4).
a) Zeichne das Viereck ABCD!
b) Wie heißt dieses spezielle Viereck?
c) Verschiebe das Viereck ABCD entsprechend der Verschiebungsvorschrift $\overrightarrow{PQ}$ mit P (6; 1) und Q (10; 4)!
d) Gib die Bildpunkte A', B', C', D' in der Form P' (x; y) an!

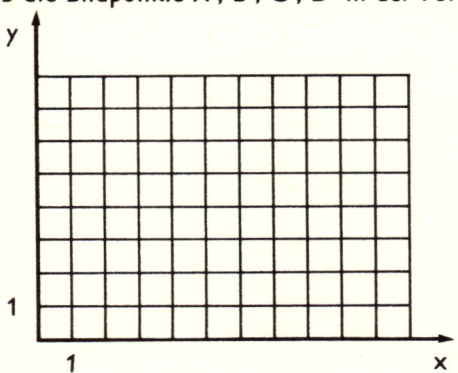

5. Ein neuer Spielplatz ist quadratisch, sein Flächeninhalt beträgt 1 600 m².
Wie lang ist eine Seite des Spielplatzes?
Wieviel Zaunsäulen und Zaunfelder müssen für drei Seiten gekauft werden, wenn man aller 10 Meter eine Zaunsäule setzen will? (Fertige dazu eine Skizze an!)

6. Welcher Quader gehört zu dem abgebildeten Netz?

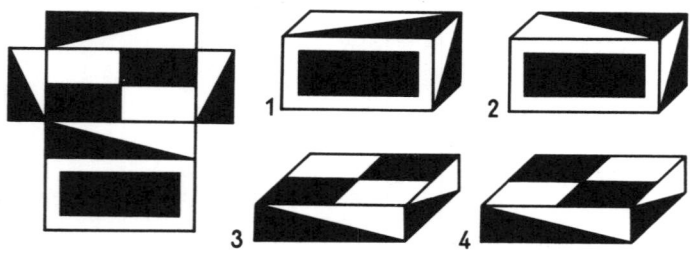

7. Kreuze an, was zutrifft!

Alle Begrenzungsflächen sind eben					
Nicht alle Begrenzungsflächen sind eben					
Die ebenen Begrenzungsflächen sind: a) nur Vierecksflächen					
b) Vierecks- und Dreiecksflächen					
c) nur Kreisflächen					

In jeder Reihe sind zwei Figuren gleich. Finde diese!

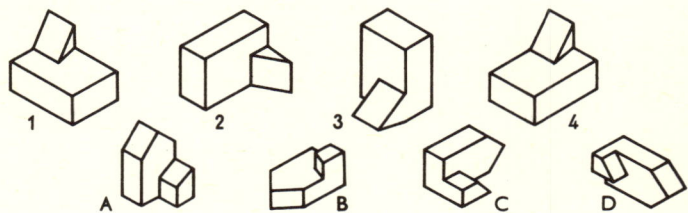

Welche der Flächen 1 bis 7 haben die gleiche Größe wie die grüne Fläche?

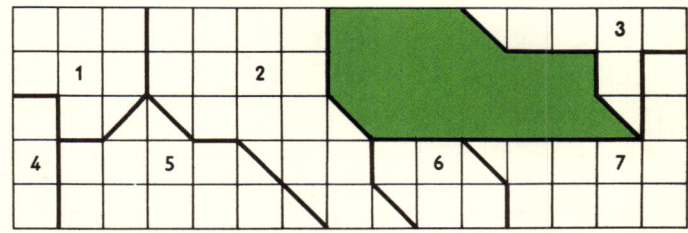

„Vorgesagt wird nicht!"

Haare

In einem Café trafen sich drei Freunde: der Bildhauer Weiß, der
Pianist Schwarz und der Maler Braun. „Es ist merkwürdig, daß
einer von uns weiße, einer schwarze und einer braune Haare hat,
daß jedoch keiner von uns die Haarfarbe hat, die seinem Namen
entspricht", bemerkte der Schwarzhaarige. „Du hast recht", meinte
Bildhauer Weiß.
Welche Haarfarbe hat der Maler?

Flüssigkeiten

Der Lehrling soll 4 Liter abmessen. Es
stehen ihm aber nur die beiden Gefäße
zur Verfügung.
Wie macht er das?

1. In einer Kiste liegen 3 Sorten Äpfel, von jeder Sorte gleich viele, zusammen 12.
Wieviele Äpfel muß Christine, ohne hinzusehen, mindestens herausnehmen, wenn sie von einer Sorte mit Bestimmtheit 3 Stück haben will?

2. Auf dem Bild siehst du 4 Städte. Jede ist mit jeder durch eine Straße bekannter Länge verbunden. Ein Wanderer will von der Stadt 1 aus alle Städte auf der kürzesten Route besuchen und wieder zur Stadt 1 zurückkehren.

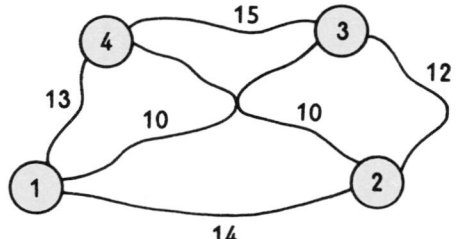

Welches ist die kürzeste Länge des Wanderweges?

3. 5 Mädchen, alle älter als 10 Jahre, wurden nach ihrem Alter gefragt. Jedes Mädchen machte eine wahre Aussage dazu: Doris ist weder die Jüngste noch die Älteste von uns. Carmen ist 14 Jahre alt. Bärbel ist jünger als Carmen, aber älter als Doris. Bärbel und Carmen sind beide jünger als Eva. Eva ist 5 Jahre älter als Angelika. Wie alt ist jedes der 5 Mädchen, wenn ihre Lebensalter alle verschieden sind?

4. Ein Hund läuft einem Hasen nach. 150 Fuß (alte Längeneinheit) ist der Hase voraus. Der Hase macht 7 Fuß weite Sprünge, während der Hund 9 Fuß weite Sprünge macht. Nach wieviel Sprüngen holt der Hund den Hasen ein?

5. Marika stellt fest: „Während unserer dreitägigen Wanderfahrt habe ich am ersten Tag die Hälfte meines Geldes ausgegeben, am zweiten Tag ein Viertel. Am dritten Tag verblieben mir noch 5 Mark." Wieviel Geld hatte Marika insgesamt mit auf der Wanderfahrt?

6. Vier Tabellen und fünf Aussageformen sind gegeben. Ordne zu jeder Tabelle die zugehörige Aussageform, und vervollständige die Tabellen!

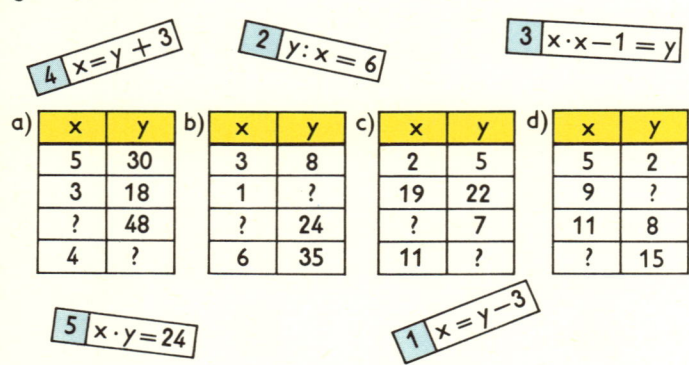

$4 \quad x = y + 3$ $2 \quad y : x = 6$ $3 \quad x \cdot x - 1 = y$

a)

x	y
5	30
3	18
?	48
4	?

b)

x	y
3	8
1	?
?	24
6	35

c)

x	y
2	5
19	22
?	7
11	?

d)

x	y
5	2
9	?
11	8
?	15

$5 \quad x \cdot y = 24$ $1 \quad x = y - 3$

7. Von zwei Uhren geht die erste genau, die zweite geht stündlich 1 Minute vor. Angenommen, beide Uhren zeigen die Uhrzeit 12 Uhr an. Welche Zeit vergeht, bis beide Uhren wieder dieselbe Uhrzeit anzeigen?

8. Ersetze die Fragezeichen durch Zahlen!

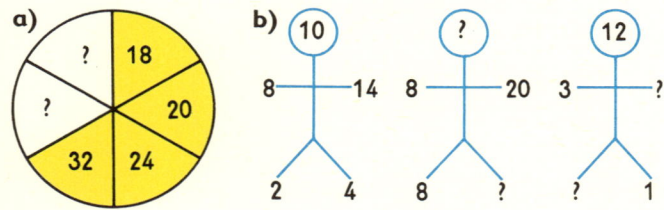

9. Von einem Ballen Stoff, der 30 m enthielt, wurden 4 m mehr verkauft als übrigblieben.
Wie viele Meter Stoff verblieben zum weiteren Verkauf?

134

Planquadrate

Wie muß die Wandergruppe ihren Weg lenken, wenn sie in A beginnt, alle Planquadrate besucht, aber niemals ihren Weg kreuzt oder gar ein Feld doppelt besucht? Erreichen die Touristen B?

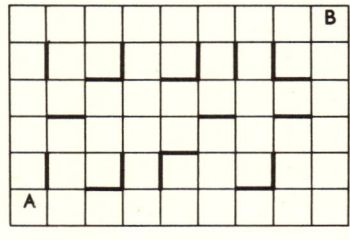

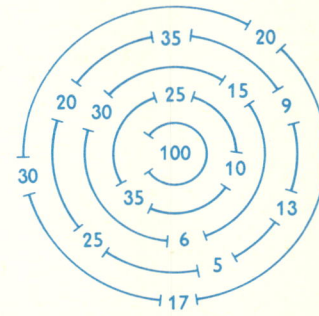

Kreise

Wie ist es möglich, in den Mittelpunkt der Figur so durch die 4 Kreise zu gelangen, daß die dabei berührten Kreise die in der Mitte stehende Summe 100 ergeben?

Kurzweil auf einem kleinen Halmabrett

Ziel ist es, die auf den schwarzen Punktfeldern stehenden 13 Steine mit möglichst wenig Zügen auf die roten Felder zu bringen. Wer das mit weniger als 20 Zügen schafft, kann zufrieden sein. Schließlich suche die beste Lösung in 13 Zügen zu finden!

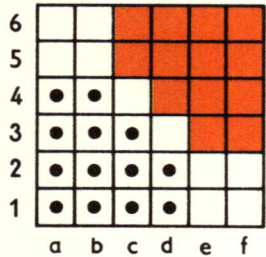

Mathematik heiter

„Nun, haben Sie denn vor dem Schlafengehen gezählt, wie ich Ihnen geraten habe?" „Jawohl, Herr Doktor, ich habe bis 280418 gezählt." „Und danach sind Sie eingeschlafen?" „Nein, Herr Doktor, es war ja schon Zeit zum Aufstehen."

1. Die Zahlenscheiben sollen in ihre entsprechenden Fächer ge-
schoben werden. Springen gilt nicht. Es darf jeweils immer nur eine
Scheibe in einem Feld sein. Du darfst daher nur mit Scheibe (8) oder
(2) beginnen!

2. Ein Spieler nennt drei zweistellige und drei einstellige Zahlen,
z. B. 37, 56, 18, 4, 7, 3. Alle Mitspieler versuchen, diese Zahlen durch
Rechenoperationen in beliebiger Reihenfolge so zu verbinden, daß
eine sehr kleine Zahl das Endergebnis ist. Sieger ist, wer das kleinste
Resultat erzielt.

3. Das abgebildete Muster soll im nachstehenden leeren Quadrat
nachgezeichnet werden. Hilfsmittel sind Lineal und Bleistift. Zu
messen gibt es nichts, denn die Markierungspunkte im leeren Quadrat reichen aus, um alle geforderten Linien exakt zeichnen zu
können.

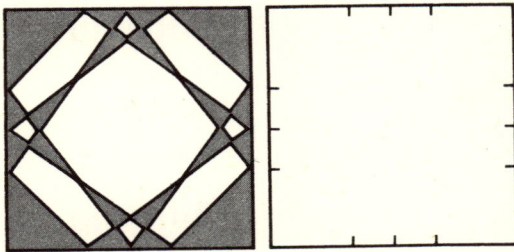

4. Gegeben sei ein Streifen von 2 cm Breite und 14 cm Länge. Falte
aus ihm einen Würfel mit einer Kantenlänge von 2 cm! (6 Faltlinien
sind zur Hilfe schon eingezeichnet.)

5. Alle Mitspieler bereiten sich einen Zettel vor, auf dem unter-
einander die Zahlen 6 bis 1 geschrieben werden. Jetzt wird der
Reihe nach gewürfelt. Der erste Wurf kann mit 6 multipliziert werden, der zweite mit 5 und zuletzt der sechste Wurf kann nur noch
mit 1 multipliziert werden.
Die Reihenfolge darf nicht beliebig gewählt werden.
Es sei denn, alle Spieler sind sich vor dem Spiel einig geworden,
daß jeder die aufgeschriebenen Zahlen (jede Zahl kann nur einmal verwendet werden) beliebig mit der gewürfelten Zahl multi-
plizieren kann. Dabei sollte zumindest vor dem Wurf die Zahl bestimmt werden.
Zum Schluß werden die Ergebnisse addiert und die höchste Punkt-
zahl ermittelt.

6. Wer erreicht H8? Auf einem Schachbrett steht ein Stein auf dem
Feld A1. Zwei Spieler schieben diesen Stein nun abwechselnd
auf ein benachbartes Feld, aber nur nach rechts, nach oben oder
nach rechts oben. Wer den Stein auf das Feld H8 schiebt, hat gewonnen.

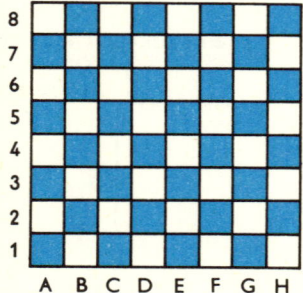

Gefangen

Wir benötigen zwei Schnüre. Mit Hilfe dieser Schnüre werden zwei
Mitspieler zusammengebunden. Jeder wird um die Handgelenke
locker gefesselt. Zuvor werden aber beide Schnüre ineinander
verschlungen.
Die Aufgabe besteht darin, daß sich beide voneinander trennen
sollen, ohne daß die Knoten an den Handgelenken gelöst werden
dürfen.

Zahlendreiecke

Betrachte die beiden Zahlendreiecke! Erkennst du die Gesetz-
mäßigkeiten, nach denen sie aufgebaut sind?
Fülle die leeren Felder aus!

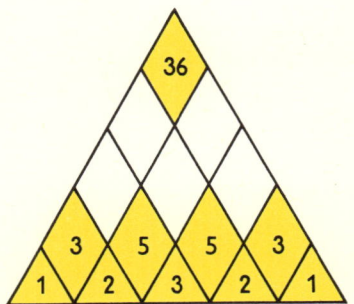

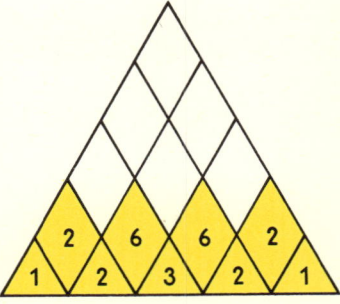

Stufe 1 · Sicheres Grundwissen

Seite 80

unten:

				P		S	U	M	M	E
				R				I		D
F	A	K	T	O	R			N	D	I
				D				U	I	F
				U				E	V	F
				K				N	I	E
				T				D	D	R
	S	U	M	M	A	N	D		E	E
D	I	V	I	S	O	R			N	N
	Q	U	O	T	I	E	N	T	D	Z
S	U	B	T	R	A	H	E	N	D	

Seite 81

1. $x = 85$; $y = 23$

2. a) 30   **b)** 12   **c)** 16   **d)** 26

3. a) $7 < 8$ **b)** $18 > 3$ **c)** $11 < 12$ **d)** $28 = 28$ **e)** $8 = 8$
   f) $9 < 20$ **g)** $4 = 4$ **h)** $20 < 47$

4. a) $9 + 3 = 12$ **b)** $9 \cdot 3 = 27$ **c)** $9 - 3 = 6$ **d)** $9 : 3 = 3$

5. Rundreise, Kleinstadt, Tannenzweig, Klavierstunde

Seite 82

6.

a	b	a : b	a + 2	2 · b	b − 5
24	8	3	26	16	3
6	6	1	8	12	1
20	5	4	22	10	0

7. Zum Beispiel: $4 + 8 = x$ $8 - 4 = y$ $8 \cdot 4 = z$ $8 : 4 = v$
                    $x = 12$ $y = 4$ $z = 32$ $v = 2$

8. $16 : 2 = 8$; $8 - 8 = 0$

9. $m = 18$; $n = 18 - 12$; $z = 2 \cdot 4 \cdot 6$; $s = 48 : 6$
$\qquad\qquad\qquad n = 6 \qquad\quad z = 48 \qquad\quad s = 8$

10. Turmuhr: 6.00 Uhr; Wecker: 5.30 Uhr;
Normaluhr: 8.00 Uhr; Regulator: 3.45 Uhr.

11. a) $f = 0, 1, 2$ **b)** $v = 20$
$\qquad l = 5, 6, 7, \ldots \qquad\qquad o = 20$
$\qquad i = 0, 1, 2, 3 \qquad\qquad r = 38$
$\qquad n = 0, 1 \qquad\qquad\quad t = 81$
$\qquad k = 0, 1, 2, 3 \qquad\qquad e = 12$
$\qquad s = 0, 1, 2, 3 \qquad\qquad i = 90$
$\qquad i = 4, 5, 6, 7, 8 \qquad\quad l = 40$
$\qquad c = 0, 9, 18, 27, 36 \qquad h = 0$
$\qquad h = 0, 1, 2, 3, 4 \qquad\quad a = 9$
$\qquad e = 0, 1 \qquad\qquad\qquad f = 1$
$\qquad r = 49, 50, 51 \qquad\qquad t = 0$

Seite 83

oben: 35 Tage hat der Angler umsonst gewartet.

Mitte:

25	4	19
10	16	22
13	28	7

1	8	11	14
12	13	2	7
6	3	16	9
15	10	5	4

unten:
Es fehlen 13 Dachziegel.

Stufe 1 · Von Land zu Land

Seite 84

oben: 7 Fehler sind
im Spiegel-
bild.
Mitte: Vater Timo
ist 57 Jahre
alt.

unten:

141

1. $4 \cdot 8 = 8 \cdot 4$ $\qquad\qquad$ $30 = 5 \cdot 6$
$\quad$ $5 \cdot 5 = 5 + 5 + 5 + 5 + 5$ $\quad$ $9 \cdot 4 = 36$
$\quad$ $2 \cdot 6 = 6 + 6$ $\qquad\qquad$ $9 + 9 + 9 = 27$
$\quad$ $6 + 6 + 6 = 3 \cdot 6$

2. $4 \cdot 3 = 12$; $\quad 20 - 12 = 8$; $\quad 8 : 2 = 4$
Danila kann sich 4 Bleistifte kaufen.

3. $10 + 5 + 5 - 2 - 2 = 16$
Der Korb mit Datteln wiegt 16 kg.

4. $25 + 17 + 14 + 12 + 14 + 18 = 100$
Es fehlt zweimal die Zahl 14.

5. Silvia: $2 \cdot 1 + 3 \cdot 2 + 1 \cdot 3 + 1 \cdot 4 + 3 \cdot 6 = 33$
Angelo: $1 \cdot 1 + 3 \cdot 2 + 4 \cdot 4 + 2 \cdot 6 = 35$
Angelo gewinnt mit zwei Punkten Vorsprung.

Seite 86

6. Peter könnte jede Ware einzeln tragen oder Kartoffeln und
Zwiebeln; Kartoffeln und Obst; Tomaten, Zwiebeln und Obst;
Tomaten und Zwiebeln; Tomaten und Obst; Zwiebeln und Obst.

7. $z = 10 + 6$; $\quad z = 16$

8. Der Brunnen ist vom Haus 76 m entfernt.

9. **a)** Ausgabe: 30 $\quad$ **b)** Ausgabe: 30

Stufe 1 · Unterhaltsame Geometrie

Seite 89

1. Es werden noch sieben ganze Ziegel und ein halber Ziegel, also
8 Ziegel benötigt.

2.

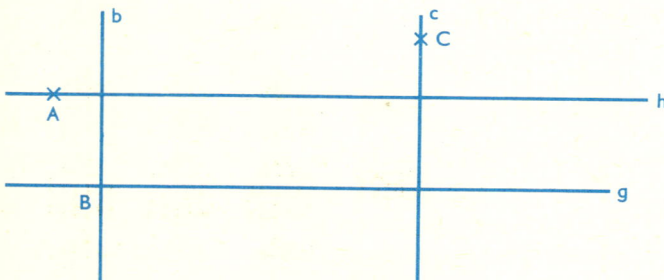

4. Man kann folgende Rechtecke legen:

    a) drei Rechtecke: $12 \cdot 1$; $2 \cdot 6$; $3 \cdot 4$;

    b) ein Rechteck: $1 \cdot 13$;

    c) zwei Rechtecke: $1 \cdot 14$; $2 \cdot 7$.

5. Der rote Ball und der bunte Ball rechts unten passen genau in die beiden Schachteln.

6. Es können zwei Dreiecke oder zwei Rechtecke (im Sonderfall zwei Quadrate) entstehen.

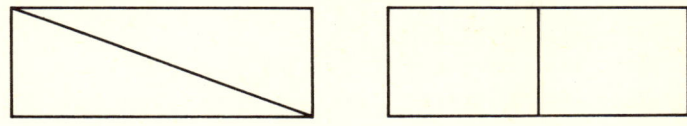

8. a)    **c)**

    b)    **d)**

Stufe 1 · Denksport

Mitte:

Z	E	H	N
Z	A	H	N
Z	A	U	N
Z	A	U	M
R	A	U	M

unten: **a)** Das Fragezeichen ist kein mathematisches Zeichen.

       b) mm ist keine Einheit der Masse.

       c) Der Kreisring ist nicht geradlinig begrenzt.

       d) 3 ist eine ungerade Zahl.

       e) Ein Körper hat keine viereckigen Flächen.

1. Karsten muß 19 Uhr zu Bett gehen.

2. Jedes Pferd lief in der Stunde 12 km.

3. Eine Lösung ist z. B.:

4. 20 − 8 = 12, 12 können radfahren, aber nicht schwimmen.

5. z. B.: Die Zahl sei 3. 3 + 3 = 6; 6 + 3 = 9; 9 · 4 = 36;
36 − 12 = 24; 24 : 3 = 8

6.

3   7

7. (1) Helmut, (2) Helga, (3) Luise, (4) Hans, (5) Monika

8. Preis, Greis, Kreis

9. Es sind: Großvater, Vater und Sohn.

10. a)

13. Stelle   20. Stelle

b)
13. Stelle   20. Stelle

11. Zu streichen sind: 2, 2, 5, 8, 8 oder 2, 5, 5, 5, 8.

12. (6; 6; 1), (6; 5; 2), (6; 4; 3), (5; 5; 3), (5; 4; 4)

oben:

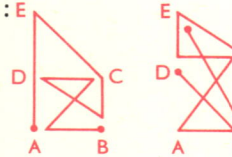

unten: Die Teilausschnitte 1, 3, 4 und 6 sind auf der Silhouette wiederzufinden.

Stufe 1 · Spiel und Spaß

Seite 96

oben: Wenn die Nr. 12 die weiße Maus ist, muß der Kater mit dem Abzählen bei Maus Nr. 5 beginnen.

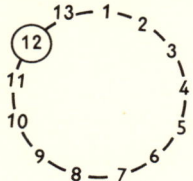

Seite 97

2.

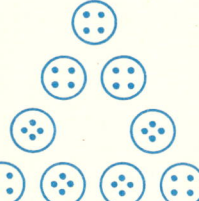

3. Es gewinnt derjenige, der seinem Partner 7 Rechenpfennige und Vielfache davon übrigläßt. Derjenige, der das Spiel beginnt, muß also 2 Rechenpfennige nehmen und gewinnt.

Seite 99

oben:

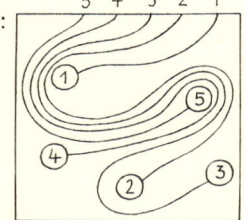

Mitte:

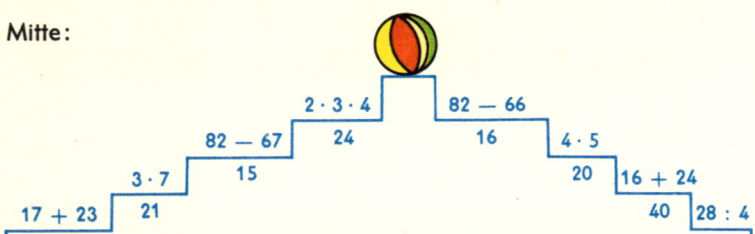

2 · 3 · 4   82 — 66
82 — 67   24   16   4 · 5
3 · 7   15   20   16 + 24
17 + 23   21   40   28 : 4
40   7

Stufe 2 · Sicheres Grundwissen

Seite 100

unten: s = 74 + 37 + 37 + 37 + 37 = 222
      c = 141 + 6 · 69 = 555
      h = 6 054 + 5 · 789 = 9 999
      n = 491 — 5 · 76 = 111
      e = 1 240 — 2 · 287 = 666
      l = 56 + 5 · 49 — 5 · 58 = 11
      l = 153 — 3 · 74 + 3 · 97 = 222
      e = 1 245 + 6 · 796 — 6 · 837 = 999
      r = 19 + 3 · 9 + 3 · 8 + 3 · 7 — 3 · 6 — 2 · 5 — 2 · 4 = 55

Seite 101

1. r = 77   s = 180
    e = 939   i = 120
    c = 400   c = 33
    h = 875   h = 30
    n = 100   e = 180
    e =   0   r =   0

2. 13 212

3. a) 1984 — 1764 = 220   **b)** 1984 — 1877 = 107
   c) 1984 — 1895 = 89   **d)** 1984 — 1938 = 46
   e) 1984 — 1961 = 23   **f)** 1984 — 1879 = 105

4. 1 + 2 + 4 + 8 + 16 + 32 + 64 + 128 = 255
Das Mühmchen pflückte 255 Blümchen.

5.

e	c	2 e + c	(e — c) · 2	e · c	e : c	27 — e
16	4	36	24	64	4	11
25	5	55	40	125	5	2
4	1	9	6	4	4	23

6.

Einheit	nächstklei-nere Einheit	Einheit	nächsthöhere Einheit
3 kg	3 000 g	4 000 m	4 km
22 cm	220 mm	1 700 g	1,7 kg
6 min	360 s	180 s	3 min
1 h	60 min	48 h	2 Tage

7.

8. a)

b)

oben: Fünf Zahlwörter: **Ein S**eehun**d reiß**t ganz **weit** das Maul auf, zeigt die Zä**hn**e un**d** sagt: „Gute **N**acht!"

Mitte:
$(4) + (2) - (6) = 0$ $(6) - (4) + (3) = 5$

$(2) + (3) - (4) = 1$ $(6) + (4) - (3) = 7$

$(4) + (2) - (3) = 3$ $(4) + (6) - (2) = 8$

$(6) + (2) - (4) = 4$ $(4) + (3) + (2) = 9$

unten:

5	2	8	1	6	5	3	1
1	4	3	5	7	1	6	4
8	3	4	9	2	2	3	2
2	4	3	1	5	8	2	6
7	1	5	8	2	3	5	1
5	2	7	5	1	9	1	4
1	9	1	2	5	4	6	3
3	2	4	5	2	3	5	1

4	·	3	—	6	=	6
·		+		+		
2	·	5	—	3	=	7
—		—		—		
1	+	2	+	1	=	4
=		=		=		
7		6		8		

Seite 104

oben: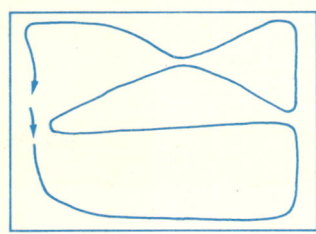

unten: **Der dritte Indianer ist unter den Hufen des linken Lamas zu sehen, das dritte Lama rechts oben in der Ecke, wenn man das Bild nach links dreht.**

Seite 105

1. $72 \cdot 5 = 360$ Der Fahrer kassiert 360 Drachmen.

2. C   I   F = E   A = D   H   J   B   G

3. a) Es dauert noch 7 Minuten.

   b) Es dauert noch 1 Stunde und 59 Minuten,
   7 Stunden 5 Minuten, 9 Stunden 13 Minuten.

   c) Es dauert noch 45 Minuten.

   d) Die Ankunft ist gegen 9.10 Uhr.

4. $60 + 60 + 30 = 150$

Die Känguruhs erreichen nach $2\frac{1}{2}$ Stunden die Wasserstelle.

Seite 106

5. Es werden 60 Setzlinge benötigt.

6. Die gesamte Winterausrüstung kostet 2 635 Kronen.

Seite 107

Mitte: $a = 1\,000 + 12 + 7 + 3 + 1 + 1 + 3 = 1\,027$
   $b = 7 + 1\,000 + 3 + 11 + 1 + 3\quad\ = 1\,025$
   $a - b = 1\,027 - 1\,025 = 2$

unten: Waagerecht: (1) 28; (3) 32; (5) 489; (8) 292; (9) 461; (12) 199;
   (14) 16; (15) 40
   Senkrecht: (1) 24; (2) 280; (4) 27; (6) 198; (7) 369; (10) 199;
   (11) 21; (13) 30

Stufe 2 · Unterhaltsame Geometrie

Seite 109

1. Der Turm besteht aus 6 Würfeln.

2. Zum Beispiel: D liegt auf g; i geht durch C; g ist parallel zu h; E liegt zwischen g und h; E liegt nicht auf g; i ist nicht parallel zu h; g geht nicht durch A; usw.

3. Gelb: 24 Flächen; rot: 12 Flächen. Die roten Flächen sind zusammen halb so groß wie die gelben Flächen.

4.

Seite 110

5. a) M = {A, B, C, E, H}
  b) M = {A, G, C, D, E}
  c) M = {A, C, E}
  d) M = {F}

6. Zum Beispiel:

7. $6 \cdot 4 \cdot 6 = 144$; $144 - 15 = 129$
  a) Es sind 129 Würfel aufgebaut.
  b) 15 Würfel müssen noch eingefügt werden.

8.

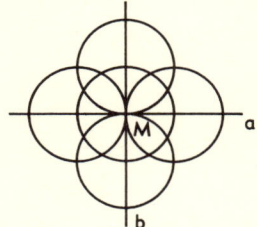

Seite 111

oben: Der Käfer gelangt nicht zur Blume.

Mitte:

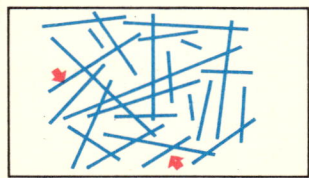

unten: Der Kreis läßt sich aus den Teilen b, c, d zusammensetzen. Das Quadrat läßt sich aus den Teilen e, g, h zusammensetzen.

Stufe 2 · Denksport

Seite 112

oben: Es fehlt der Hahn. Er steht links unten, rechts neben dem dicken Baum.

Mitte: **a)** **b)**

unten: Sie benötigen die gleiche Zeit.

Seite 113

1.

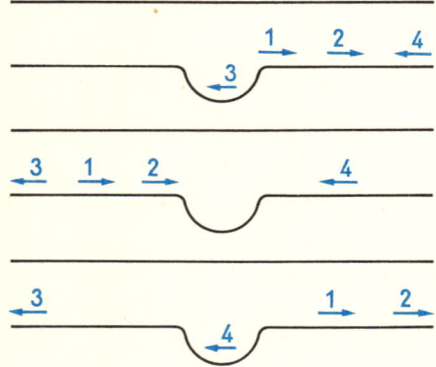

2. Man nimmt zwei beliebige Ringe und legt auf jede Waagschale einen Ring. Wenn Gleichgewicht eintritt, ist der dritte Ring der gesuchte. Tritt kein Gleichgewicht ein, ist der schwerere an der Neigung der Waagschale zu erkennen.

3. SIND IN EINEM RECHTECK ALLE SEITEN GLEICH LANG, IST ES EIN QUADRAT.

4. Anne, Britta, Doris, Christa

Seite 114

6. $13 - 6 = 7$; $15 - 6 = 9$; $7 + 9 + 6 + 4 = 26$
Die Wandergruppe hat 26 Mitglieder.

7. $444 + 44 + 4 + 4 + 4 = 500$

8. $27 : 3 = 9$ Bärbel ist 9 Jahre alt.

9. Nein, denn dann ist wieder Mitternacht.

unten:

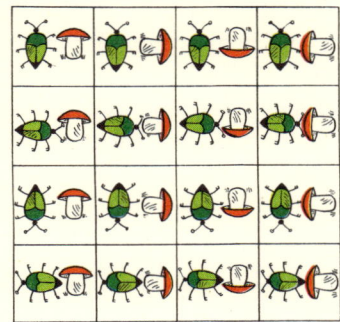

Stufe 2 · Spiel und Spaß

Seite 116

oben: Die zu den Zahlen gehörenden Buchstaben geben die Sprünge der Hasen an.

	4b		4c		
1a		1b	2d	1c	2c
	4a		4d	3c	
1	2		2a		2b
3	4	3a		3b	

unten: 4 zu 1; 7 zu 3; 5 zu 9; 6 zu 2 und 8 zu 10 oder 7 zu 10; 4 zu 8; 6 zu 2; 1 zu 3 und 5 zu 9.

1 4   6 9   8 3   2 5   7 10

Seite 117

1.

151

2. Numerieren wir die Felder im Geist von links nach rechts mit den Zahlen 1 bis 7. Fünf Sprünge sind nötig: 5 nach 1, 2 nach 5, 6 nach 2, 3 nach 6, 7 nach 3. – Wenn man nur über einen oder zwei Knöpfe springen darf, wird es schwieriger. Dann braucht man 10 Züge.
3. Die drei Ringe der dreigliedrigen Kette sind aufzuschneiden. Mittels dieser drei Ringe sind die übrigen drei Ketten zu einer geschlossenen Kette zu verbinden.

Seite 118

4.

5	12	19	21	28
11	18	20	27	9
17	24	26	8	10
23	25	7	14	16
29	6	13	15	22

6.

2	2	2
2		2
2	2	2

3	1	3
1		1
3	1	3

Seite 119

oben: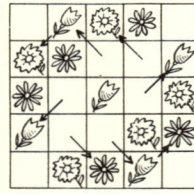

Stufe 3 · Sicheres Grundwissen

Seite 120

Mitte: Beispiele für mögliche Lösungen:

$$1 + 2 = 3$$
$$12 : 3 = 4$$
$$12 - 3 - 4 = 5$$
$$12 + 3 - 4 - 5 = 6$$
$$12 : 3 + 4 + 5 - 6 = 7$$
$$(12 : 3) \cdot 4 + 5 - 6 - 7 = 8$$
$$1 + 2 \cdot 3 + 4 + 5 - 6 + 7 - 8 = 9$$
$$1 \cdot 2 + 3 + 4 + 5 + 6 + 7 - 8 - 9 = 10$$

unten: Es ist noch kein Meister vom Himmel gefallen.

1. $x = 75$

2.

$a + 1$	3	13	201	45 681	1 001
a	2	12	200	45 680	1 000
$a - 2$	0	10	198	45 678	998
$a : 2$	1	6	100	22 840	500

3. Kleinste Zahl 38 909; größte Zahl: 39 998

4. $m = 7$; $a = 280$; $t = 160$; $h = 40$; $e = 120$

5. a) 888 **b)** 9 200 **c)** 14 652 **d)** 280

6. $360 : 2 + 120 \cdot 3 = 540$

7. 1 km = 1 000 m; 1 000 m : 2 = 500 m; 500 : 100 = 5
Der Bautrupp benötigt noch 5 Tage, um die Straße fertigzustellen.

8. 8 500 l · 5 = 42 500 l
45 000 l — 42 500 l = 2 500 l
Der Vorrat reicht für 5 Tage. Es verbleiben noch 2 500 l.

9. 82 000 · 4 = 328 000
328 000 + 110 000 + 98 000 = 536 000
Die Wochenproduktion beträgt 536 000 Brötchen.

10. $e = 111\,111$; $l = 7\,777$; $e = 4\,444$; $g = 666$; $a = 6$; $n = 333$;
$t = 5\,555$

11. Das letzte Spiel endet um 17.00 Uhr.

oben: Linker Wanderweg: $1 + 4 + 8 + 6 + 2 + 9 + 2 + 3 = 35$
Rechter Wanderweg: $1 + 8 + 3 + 2 + 7 + 2 + 9 + 3 = 35$
unten: Die „Spukzahl" lautet 1 132, denn
$1 + 80 + 8 + 1 + 1000 + 11 + 2 + 9 + 7 + 10 + 3 = 1132$.

Stufe 3 · Von Land zu Land

unten: Die Bilder 1, 4 und 6 passen nicht in die Reihe.

1. a) Nein, denn 30 · 25 kg = 750 kg = 0,75 t.
   b) 3 000 kg : 25 kg = 120
Etwa 120 Kinder wiegen genausoviel wie ein Elefant.

2.

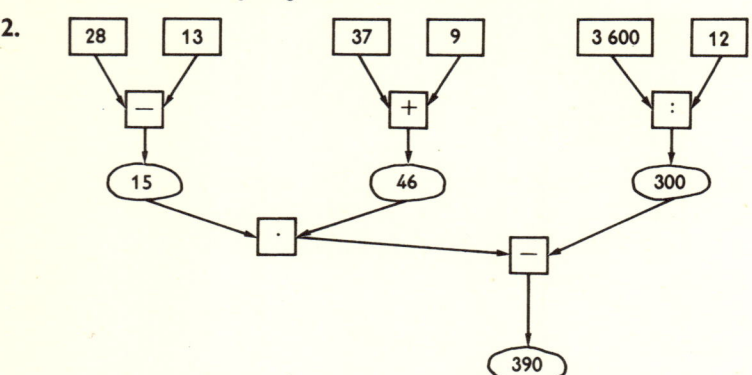

3. 1 min 25 s = 85 s;   9 · 8 Öre = 72 Öre
Olle spricht 9 Zeiteinheiten.
Das Gespräch kostet 72 Öre.

4. 4 · 45 + 200 = 380
Der tägliche Wasserverbrauch auf dem Bauernhof beträgt 380 l.
380 · 30 = 11 400
Der monatliche Wasserbedarf beträgt 11 400 l.

Seite 126

5. Die Produkte 0, 50, 60, 270, 300, 320, 440, 490, 560, 598, 600, 639, 700, 720 und 720 liegen unter 800, und die Produkte 801, 900, 960, 1 000 und 1 000 liegen über 800.

6. 2 + 3 = 5;   1 000 : 5 = 200;   2 · 200 = 400;   3 · 200 = 600
Sally ging 400 m, Jane 600 m, bis sie zusammentrafen.

7. 34 · 12 = 408;   28 · 12 · 2 = 672;   408 + 672 = 1 080
Die Tribüne faßt insgesamt 1 080 Plätze.

8. Die Figur besteht aus 4 Dreiecken, 12 Rechtecken, 8 Quadraten, 3 Trapezen und 2 Kreisen.

Seite 127

unten: „Alle Aufgaben sind richtig gelöst."

Stufe 3 · Unterhaltsame Geometrie

Seite 128
oben: a — f; b — l; c — h; d — m; e — i; g — k

Seite 129
1.

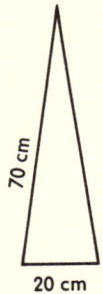 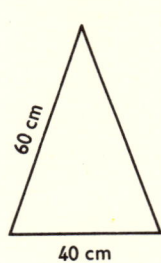 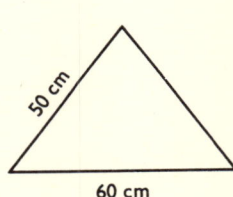

2.

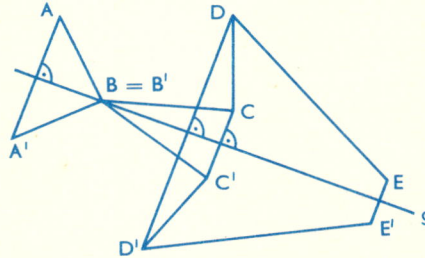

3. Von jeder der vier Seiten gehen 2 · 8 cm ab. Insgesamt werden somit 4 · 16 cm = 64 cm vom äußeren Umfang abgezogen. Der innere Umfang des Rahmens hat eine Länge von 216 cm.

4. a)
c)

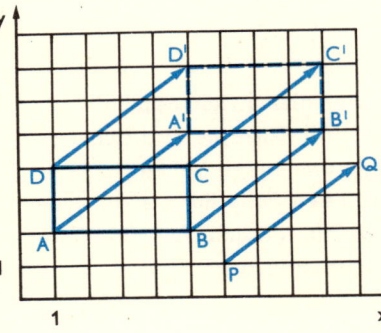

b) Rechteck
d) A′ (5; 5),
    B′ (9; 5),
    C′ (9; 7),
    D′ (5; 7)

5. Eine Seite des Spielplatzes ist 40 m lang, denn 40 m · 40 m = 1600 m². Man braucht 13 Zaunsäulen und 12 Zaunfelder.

6. Es ist der Quader Nr. 3.

7.

O	O		O	
		O		O
O	O			
			O	
		O		O

Mitte: In der 1. Reihe sind Nr. 3 und Nr. 4 gleich, und in der 2. Reihe sind Nr. 1 und Nr. 3 gleich.

unten: Es ist nur die Fläche 2.

Stufe 3 · Denksport

Mitte: Da Bildhauer Weiß nicht schwarzhaarig ist, kann er nur braune Haare haben. Daraus folgt, daß der Pianist Schwarz weißhaarig ist und der Maler Braun schwarze Haare hat.

unten: Erst 3 Liter in den 5-Liter-Topf, dann nochmals 3 Liter hinzu. Da der Topf aber nur 5 Liter faßt, bleibt 1 Liter im 3-Liter-Topf übrig. Den Inhalt des 5-Liter-Topfes ausgießen, den übriggebliebenen 1 Liter hinein und nun 3 Liter dazu.

1. Da es von jeder der 3 Sorten gleich viele Äpfel gibt, sind es von jeder Sorte 12 : 3 = 4 Äpfel. Will Christine also sicher sein, von einer Sorte 3 Äpfel herausgenommen zu haben, so muß sie zuerst 6 Äpfel nehmen. Im ungünstigsten Falle hat sie von jeder der 3 Sorten gerade 2 Äpfel erwischt. Mit dem 7. Apfel nimmt sie dann sicher den 3. einer Sorte. Christine muß wenigstens 7 Äpfel herausnehmen.

2. Zwei Routen sind je 45 km lang, sind also die kürzesten:
1-3-2-4-1 und 1-4-2-3.

3. Angelika 11 Jahre; Doris 12 Jahre; Bärbel 13 Jahre; Carmen
14 Jahre; Eva 16 Jahre.

4. Bei jedem Sprung gewinnt der Hund (9 — 7) Fuß = 2 Fuß an
Boden. Er holt den Hasen somit in (150 : 2) = 75 Sprüngen ein.

Seite 134

5.

3. Tag	2. Tag	1. Tag	Insgesamt
5 Mark	$\frac{1}{4} \triangleq 5$ Mark	$\frac{1}{2} \triangleq 10$ Mark	20 Mark

Marika hatte 20 Mark mit auf der Wanderfahrt.

6. 1 und c;   2 und . . .;
     3 und . . .;   4 und . . .

7. 12 h = 12 · 60 min = 720 min;
     720 min : 1 min = 720

Vorwärts gerechnet kommt die zweite Uhr der ersten in jeder
Stunde um 1 min näher. Nach 720 Stunden, also nach 30 Tagen,
zeigen beide Uhren wieder zum selben Zeitpunkt die Uhrzeit
12 Uhr an.

8. a) 18 + 2 = 20; 20 + **4** = 24; 24 + **8** = 32; 32 + **16** = 48;
     48 + **32** = 80

Es werden jeweils 2, 4, 8, 16, 32, . . . addiert. Die fehlenden Zahlen
sind 48 und 80.

b) Figur 1
     linker Arm – linkes Bein: 8 + 2 = 10
     rechter Arm – rechtes Bein: 14 — 4 = 10
     Figur 2
     linker Arm – linkes Bein: 8 + 8 = 16
     rechter Arm – rechtes Bein: 20 — 4 = 16
     Figur 3
     linker Arm – linkes Bein: 3 + 9 = 12
     rechter Arm – rechtes Bein: 13 — 1 = 12

9. 30 m — 4 m = 26 m; 26 m : 2 = 13 m; 13 m + 4 m = 17 m;
     13 m + 17 m = 30 m

Es verblieben 13 m Stoff zum weiteren Verkauf.

Seite 135

Mitte:

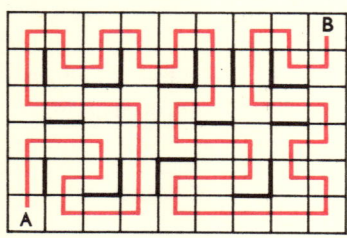

unten:

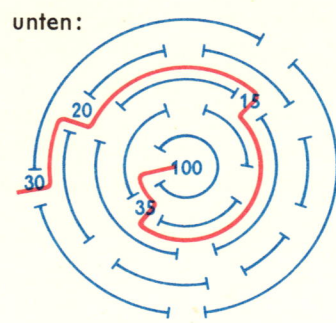

Stufe 3 · Spiel und Spaß

Seite 136

Mitte: 1. c3 – d4; 2. a1 – c3 – e5; 3. b1 – d3 – d5 – f5;
4. a4 – c4 – e4 – e6; 5. c1 – e3; 6. d1 – d3 – d5; 7. a3 – c5;
8. a2 – c4 – c6; 9. b4 – d6 – f6; 10. b2 – b4 – d6; 11. b3 – d1 – d3 – f3;
12. c2 – e2 – e4; 13. d2 – f4.

Seite 137

1. (2) nach 5, (1) nach 6, (8) nach 2, (2) nach 1, (1) nach 5, (3) nach 6,
(6) nach 7, (4) nach 8, (7) nach 4, (8) nach 3, (3) nach 2, (6) nach 6,
(4) nach 7, (7) nach 8, (8) nach 4, (4) nach 3, (7) nach 7, (8) nach 8,
(4) nach 4, (3) nach 3, (2) nach 2, (1) nach 1.

4.

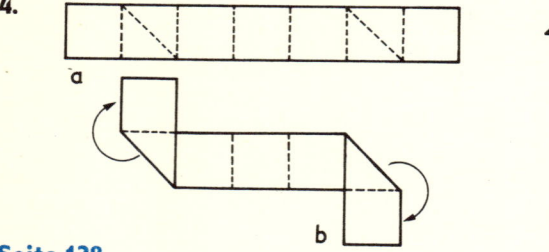

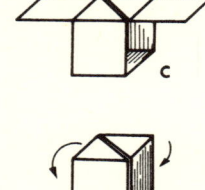

Seite 138

6. Der Stein erreicht nach mindestens 14 Zügen das Feld H8.
Gewinnstrategie: Durch „Rückwärtsarbeiten" erhalten wir:
1. Zug: B2, danach ist immer der Zug des Gegners zu wiederholen.

Seite 139

oben: Der Spielleiter ergreift die Mitte der Schnur des einen Opfers und führt sie zu einem Handgelenk des anderen. Dort führt er sie unter der Umbindung des Handgelenks hindurch. Dann führt er die Seilschlinge weiter, ohne sie zu verdrehen, über die Fingerspitzen hinweg und über den Handrücken hinunter. Zuletzt zieht er sie wieder unter der Handgelenkfessel hindurch, und beide Mitspieler sind voneinander getrennt.

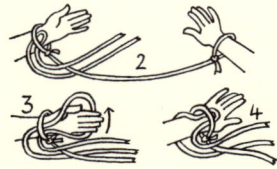

unten:

links: Es wird addiert: 1 + 2 = 3; 2 + 3 = 5; usf. . . .

rechts: Es wird multipliziert: 1 · 2 = 2; 2 · 3 = 6 usf. . . .

```
        36                   186624
     18   18               432   432
   8   10   8            12   36   12
  3   5   5   3           2   6   6   2
1   2   3   2   1       1   2   3   2   1
```

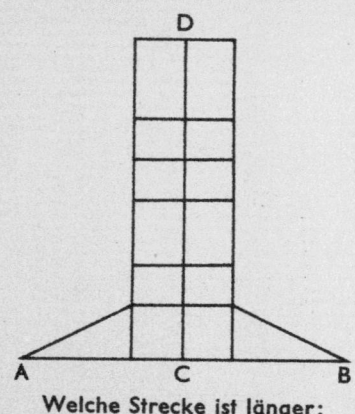

Welche Strecke ist länger:
$\overline{AB}$ oder $\overline{CD}$?

Vergleiche Masthöhe
und Bootslänge!

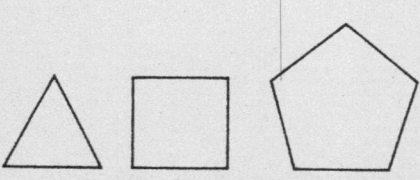

Welche der Grundlinien
ist die kürzeste?

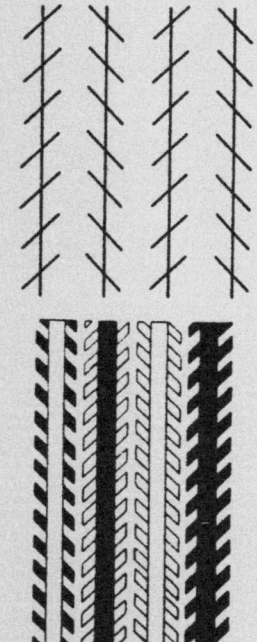

Sind die Balken parallel?

Sind die Männer gleich groß?